Anupreeta Chatterjee

Gênero em Pedagogia das Ciências Naturais

Anupreeta Chatterjee

Gênero em Pedagogia das Ciências Naturais

ScienciaScripts

Imprint

Cover image: www.ingimage.com

Este livro é uma tradução do original publicado sob ISBN 978-620-2-92401-6.

Publisher:
Sciencia Scripts
is a trademark of
International Book Market Service Ltd., member of OmniScriptum Publishing Group
17 Meldrum Street, Beau Bassin 71504, Mauritius
Printed at: see last page
ISBN: 978-620-3-04787-5

ÍNDICE

Introdução

O género é uma construção social que compreende vários significados culturais atribuídos a homens e mulheres, definindo os seus papéis de forma diferente (Zevallos, 2014). O género é fluido. Envolve compreender como as pessoas se identificam, normas, comportamentos, atitudes e actividades que a sociedade quer que todos os sexos empreendam. O género é influenciado pelo que um indivíduo sente ou faz. Cada sexo tem de desempenhar funções específicas e exibir certos traços de carácter em conformidade com a feminilidade e masculinidade. As femininidades estão associadas a normas patriarcais onde as masculinidades dominam a feminilidade. As masculinidades são construídas por hierarquias sociais sobre classe, raça, idade, sexo, etc. Os comportamentos associados à masculinidade e à feminilidade variam entre culturas e mudam de acordo com o tempo. Hofstede (2001) descreveu a masculinidade como tendo traços de carácter como ambição, aquisição de riqueza, e papéis de género diferenciados, enquanto que a feminilidade é vista como tendo uma atitude carinhosa e nutritiva, consciência ambiental, igualdade entre os sexos, e papéis de género mais flexíveis. O género não é uma componente isolada e interage com outras dimensões sociais e outras instituições sociais como a família, o local de trabalho, e outras esferas públicas. Nos lares, homens e mulheres desempenham diferentes tarefas com base nos papéis de género que lhes são atribuídos. Mesmo nos mercados de trabalho, as mulheres são preferidas para se tornarem professoras, enfermeiras, ou ocuparem postos de trabalho de secretária, mas os homens podem ocupar postos de trabalho associados à utilização de novas tecnologias e ao trabalho com máquinas, tal como foi mencionado por académicos como Chanana (2007) que os programas no ensino superior são classificados em dois: cursos gerais e profissionais em que os cursos gerais compreendem de humanidades, ciências sociais, e ciência pura, enquanto os cursos profissionais compreendem de engenharia, medicina, agricultura, direito, etc. Estes cursos são também categorizados em disciplinas masculinas e femininas. Artes, ciências sociais, humanidades, e formação de professores são disciplinas feminizadas, e o comércio, direito, engenharia são considerados andro-cêntricos. Muitos estudiosos como Sarkar (2016), Bhattacharya(2016) mencionaram que a educação pode ajudar-nos a capacitar os grupos ou comunidades marginalizados da sociedade e pode também ajudar-nos a minimizar as lacunas de género existentes.

Deb (2016) sugeriu que a educação pode trazer uma mudança sistémica ao criar consciência, aprofundar conhecimentos, expandir horizontes, e analisar criticamente o conhecimento existente e as práticas tradicionais. Ela explorou que o género não pode ser determinado como uma questão exclusivamente feminina, mas deve ser visto como uma questão do povo. A educação pode ajudar-nos a alcançar a igualdade substantiva e a igualdade de cidadania. A educação deve ter como objectivo encorajar o aprendente a envolver-se não só nas transformações individuais, mas deve reforçar a sua participação nas transformações colectivas. Uppal (2016) mencionou que a escolarização das raparigas aumenta os seus salários e ajuda a uma economia a crescer mais rapidamente. A UNICEF (2010) afirmou que um ano extra de educação pode levar a um aumento de 10 a 20 por cento nos futuros salários ganhos pelas mulheres e um ano extra de escola secundária aumenta os seus salários em 15 a 25 por cento. Mas muitas raparigas não podem frequentar a escola e tendem a desistir da mesma depois de completarem a sua educação primária até à turma 5. Uppal (2016) observou que 29 por cento das crianças desistem depois de completarem o ensino primário, e 43 por cento desistem antes de terminarem o ensino primário e apenas 42 por cento dos alunos estão a terminar o ensino secundário. Vários factores actuam como barreiras na educação das mulheres, incluindo, discriminação de género, restrições financeiras, responsabilidades familiares, assédio sexual, falta de mobilidade, falta de ambição, falta de instalações sanitárias adequadas, etc. (Shettar, 2015)

Por muito importante que seja frequentar uma escola, é igualmente imperativo salientar os factores que operam no sistema educativo que têm impacto na questão do género na educação, tal como mencionado por Chanana (2007) e Nambissan (2013), que a família e as instituições educativas reproduzem desigualdades e, através da socialização, as raparigas actuam como femininas e os rapazes como masculinos. Estes processos de socialização são realizados dentro das salas de aula, instituições e organizações. A pedagogia é um desses factores. Hinchliffe (2000) definiu a pedagogia e a educação de forma diferente. Ele definiu a educação como aprendizagem, enquanto que a pedagogia é uma actividade baseada na aprendizagem e na realização de objectivos sociais. A pedagogia abrange uma vasta gama de métodos de ensino e práticas de aprendizagem em vez de se concentrar na instrução (Silcox, 2003). Pedagogia é uma psicologia associada à educação (c.f. Hinchcliffe, 2003). Bell (2013) propôs que a pedagogia tem cinco grandes princípios incluindo, motivação, exposição, direcção da actividade, crítica, e imitação convidativa. É necessário compreender a pedagogia para saber como ela pode apoiar o papel da educação, que é produtivo. A pedagogia é adaptativa e deve concentrar-se no imenso potencial de aprendizagem dos estudantes e professores.

O ensino e a aprendizagem são parte integrante dos processos pedagógicos (Mlama, 2005; Dioum, 2005). Uma pedagogia que responde às necessidades de aprendizagem tanto de rapazes como de raparigas. Ao planear as lições, os professores devem compreender as necessidades de rapazes e raparigas. As aulas de Ciências Práticas podem ser emocionantes, mas os professores muitas vezes não conseguem reconhecer as necessidades específicas de raparigas e rapazes e isto leva a um aumento das desigualdades sociais e de género. Por exemplo, as raparigas têm medo de realizar tarefas como manusear produtos químicos, equipamento pesado, ou electricidade, que podem ser rastreadas até aos processos de socialização. Por conseguinte, as raparigas recusar-se-ão a participar em experiências científicas e o seu interesse será afectado devido à falta de exposição e de oportunidades para compreender as ciências através da experimentação. Isto, por sua vez, poderá levar a situações em que os rapazes tendem a dominar os processos de aprendizagem e o interesse das raparigas pelas ciências naturais a ocupar um lugar secundário. Em alguns casos, a linguagem do professor reforça percepções ou atitudes negativas em relação ao género. Os instrutores dos cursos utilizam frequentemente certos termos e expressões que fazem com que as raparigas se sintam inferiores aos rapazes em termos de inteligência e capacidades (Talib, 1992).

Materiais de ensino e aprendizagem como livros didácticos reforçam os estereótipos de género ao retratar os homens como participantes activos e as mulheres como participantes passivos. Durante a formação de professores, os professores são formados para construir uma boa relação com os seus alunos mas, na prática, a maioria das relações professor-aluno não são favoráveis a uma aprendizagem eficaz (NCERT, 2006). Os manuais escolares retratam frequentemente as raparigas como fracas, submissas e passivas, enquanto que os rapazes são retratados como poderosos, inteligentes, assertivos e activos em todos os campos (ibidem). Os manuais escolares estão a normalizar e a reforçar os papéis de género. Nos livros de ciência, os homens estão a realizar as experiências e a maioria dos cientistas retratados nos capítulos são homens. Assim, os estudantes podem ter uma ideia de que só um homem pode fazer bem as Ciências. A maioria dos livros de ciências utiliza uma linguagem sexista e não consegue diferenciar entre sexo, género e sexualidades, tal como mencionado por Allchin (1996). Para abordar as lacunas de género existentes no sistema educativo, há necessidade de utilizar uma pedagogia que responda ao género, juntamente com uma revisão dos manuais escolares através de uma lente de género, sugerida pela NCERT (2006).

Dandapat (2015) afirmou que a inscrição das mulheres é mais elevada em ciências sociais biológicas e qualitativas do que em matemática e ciências naturais. O acesso das mulheres ao ensino superior depende de factores como o seu desempenho anterior e o seu desempenho é determinado pelas suas competências, expectativas, etc. Os estereótipos de género têm um impacto nos estudantes. Afecta as suas futuras escolhas e expectativas de carreira. A desigualdade de género no ensino superior é uma amálgama de vários outros problemas, incluindo, elevada taxa de mortalidade infantil nas mulheres, falta de oportunidades de carreira, dinâmica doméstica, acesso a instalações básicas, e privilégios especiais (Sen, 2001). A desigualdade de género está a exibir diferenças dentro dos agregados familiares e das instituições sociais devido à aplicação de estereótipos de género.

Este estudo irá examinar como a pedagogia das Ciências Naturais conduz à estereotipagem do género e se a estereotipagem do género influencia a escolha dos indivíduos no que diz respeito a fazer escolhas profissionais e a escolher certos temas em detrimento de outros. Como Nambissan (2013) ilustrou, a compreensão das experiências escolares minimizará as desigualdades sociais, fazendo das salas de aula um lugar que abrace a multidimensionalidade dos alunos e professores, capaz de narrar as suas experiências e trazer à tona as experiências de outras pessoas marginalizadas. Escolhi a educação como o meu campo de investigação, para trazer à tona as experiências escolares dos alunos dentro das salas de aula de ciências. Muitos estudiosos como Allchin(1996), Martin (1996), e Rall (2006) afirmaram que as ciências naturais são sexistas e androcêntricas e as minhas observações sobre a minha escolaridade ajudaram-me a moldar a minha investigação. Este estudo ajudar-nos-á a compreender o impacto da pedagogia nos estudantes e, assim, proporcionar-nos-á uma visão mais profunda das relações de género existentes entre estudantes e professores e estudantes. Este estudo também nos dará uma visão sobre as escolhas disciplinares feitas por raparigas e rapazes e como a pedagogia e os processos de socialização influenciam as suas escolhas relacionadas com a escolha de um determinado campo em detrimento de outro e a escolha de um percurso profissional.

Revisão de literatura

Nesta era moderna da ciência e da tecnologia, o ensino das ciências naturais e a inclusão das ciências no currículo escolar é da maior importância. De acordo com a Associação de Mestres em Ciências (2011), raramente se encontram bons professores de Ciências ou de Matemática e, além de terem bons professores e equipamento adequado nas escolas, os métodos de ensino das Ciências devem ser tomados em consideração. A narração das experiências dos alunos nas salas de aula de ciências pode melhorar e enumerar as melhores práticas de ensino e que, por sua vez, levará à minimização das hierarquias sociais dentro das salas de aula e também dentro dos laboratórios de classe mundial onde o género aparece como um problema significativo mas fica invisível devido às expectativas da sociedade no que diz respeito ao seu investimento em dois géneros. As salas de aula são espaços fundamentais onde as crianças aprendem e se exploram a si próprias juntamente com os professores. O culminar das experiências de alunos e professores constituirá um trampolim para o desenvolvimento de um novo currículo que seja inclusivo e imponha a equidade. A educação desempenha um papel enorme na formação da própria ideologia e também encoraja o diálogo entre vários sectores da sociedade. Se a educação se dirigir a todas as secções da sociedade, então será holística, caso contrário a instituição tornar-se-á um espaço de tratamento diferenciado, promovendo relações desiguais e pouco saudáveis entre os diversos grupos existentes na sociedade.

A literatura revista apresentada neste capítulo está organizada em várias secções, nomeadamente, género, género e discriminação, Educação e discriminação de género, pedagogia, género e currículo, pedagogia e currículo, e género e ciência.

Género

Segundo Bieber and Carger(2000), "O género é determinado socialmente: são os significados sociais atribuídos aos homens e às mulheres. Cada Sociedade enfatiza papéis particulares que cada sexo deve desempenhar, embora exista uma vasta gama de comportamentos aceitáveis para cada sexo"(p.91). De acordo com Blackstone (2003), o género não está apenas a afectar as nossas vidas pessoais, mas afecta também a vida profissional de homens e mulheres. Por exemplo, para empregos empresariais, as mulheres são maioritariamente escolhidas como secretárias porque as mulheres são vistas como nutridoras e os homens obtêm os empregos como gestores ou executivos, cumprindo os seus papéis de provedoras/protectoras. Os homens são vistos como ambiciosos e orientados para as tarefas, enquanto que as mulheres são vistas como mantendo boas e saudáveis relações. Assim, o género precisa de ser compreendido para além da masculinidade e da feminilidade porque muitas vezes a construção do género leva ao reforço desses papéis de género e estes papéis de género tornam-se um dos principais constituintes da discriminação de género.

Segundo um relatório da Organização Mundial de Saúde (2002), o género é definido como "características das mulheres e dos homens, que são construídas socialmente enquanto o sexo se refere às que são biologicamente determinadas". As pessoas nascem mulheres ou homens, mas aprendem a ser raparigas e rapazes que crescem em mulheres e homens. Este comportamento aprendido compõe a identidade de género e determina os papéis de género (p.4). Por exemplo, os brinquedos e jogos que os pais seleccionam são também baseados na sua percepção relativamente ao género e estes brinquedos e jogos são utilizados para socializar os seus filhos de modo a satisfazer as expectativas da sociedade. Uma vez que as mulheres são consideradas como nutridoras, é-lhes dada uma boneca para que aprendam a cuidar dela, enquanto os rapazes recebem brinquedos que representam vários heróis de acção como o super-homem ou o batman que retratam a agressão e o poder.

Segundo Borgatta e Montgomery (2002), "O género é uma divisão das pessoas em duas categorias, "homens" e "mulheres". Através da interacção com cuidadores, da socialização na infância, da pressão dos pares na adolescência, e do trabalho com base no género e dos papéis familiares, mulheres e homens são socialmente construídos para serem diferentes nas atitudes comportamentais, e nas emoções. A ordem social baseada no género é baseada nestas diferenças" (ibid, p.1057).

De acordo com Ridgeway e Correll (2004), as crenças culturais hegemónicas sobre o género e o seu impacto nos contextos sócio-relacionais estão a moldar e a mudar o sistema de género. Os preconceitos existentes nas crenças culturais sobre o género estão a influenciar a vida do indivíduo e, portanto, os resultados são diferentes tanto para homens como para mulheres, o que mais frequentemente se manifesta como discriminação.

Género e Discriminação

O Webster Dictionary definiu a discriminação como "a prática de tratar uma pessoa ou grupo de pessoas de forma injusta e diferente das outras pessoas". Segundo Sen (2001), há muitos países na Ásia, África e América Latina onde uma rapariga não tem muitas oportunidades de completar a sua escolaridade do que os irmãos têm. Afirmou também que as raparigas carecem de instalações básicas e mesmo as raparigas têm menos oportunidades de mostrar os seus talentos naturais. Esta é uma distribuição injusta de escolhas e oportunidades que conduzem à discriminação de género.

Boundless (2016) definiu a discriminação de género como "A discriminação de género, também conhecida como sexismo, refere-se a preconceitos ou discriminação baseada no sexo e/ou género, bem como condições ou atitudes que promovem estereótipos de papéis sociais baseados no género. As mentalidades sexistas baseiam-se frequentemente em crenças em estereótipos tradicionais de papéis de género, e são assim incorporadas em muitas instituições da sociedade". Muitos preconceitos de género ocorrem nos locais de trabalho relacionados com oportunidades de emprego relacionadas com o recrutamento, e outras oportunidades de progressão (Sen,2001), e no que diz respeito à discriminação associada à progressão na carreira, Sharma (2014) identificou uma ligação entre a progressão na carreira de uma mulher e a forma como esta consegue cooperar com os seus seniores. Os homens recebem promoções mais rápidas do que as suas homólogas femininas e são pagos mais do que eles pela mesma quantidade de trabalho que fazem. Por exemplo, a maioria dos empregos de base tecnológica e empregos em que a utilização de enormes máquinas e indústrias automóveis prefere contratar candidatos masculinos. As mulheres são muitas vezes consideradas as melhores para lidar com os trabalhos de secretária, nutrindo trabalhos como recepcionistas, assistentes pessoais, secretária pessoal, ou dactilógrafa. Por exemplo, a indústria automóvel nos EUA há muito que resistia à inclusão de mulheres no sector dos empregos de colarinho azul, que mudou nos anos 40 devido à Segunda Guerra Mundial (Walsh, 2004). A presença significativamente elevada de mulheres no sector informal é uma dessas provas em que as mulheres são relegadas para os empregos "sem importância" da economia. Um estudo conduzido por Kumari (2007) revelou que as mulheres jornalistas mencionaram que não têm uma oportunidade justa de mostrar as suas capacidades, especialmente no jornalismo mainstream. Mesmo depois de trabalharem com diligência, as mulheres jornalistas não recebem créditos pelo seu profissionalismo por parte dos seus chefes masculinos, mas sim por verem mulheres jornalistas a ameaçar as suas masculinidades. As mulheres estão sub-representadas em posições executivas de gestão dos media (Ibid).

Fenwick (2008) descreveu o tipo de trabalho atribuído às trabalhadoras no sector do vestuário e explorou através do seu estudo que as mulheres tinham de trabalhar em condições de exploração e desumanização em comparação com os seus homólogos masculinos, estas trabalhadoras eram pagas menos e as suas competências não eram reconhecidas. Tiveram de trabalhar durante longas horas e sofreram vários ferimentos, enquanto os homens no sector do vestuário eram responsáveis pelo corte de tecidos a granel e eram mais bem pagos e gozavam de liberdade física. Dividir o tipo de trabalho com base no género é uma das importantes fontes de discriminação de género. Por exemplo, um estudo realizado pela Tewari (2007) sobre as mulheres rurais que participam no sistema agrícola declarou que elas estão activamente envolvidas em várias actividades agrícolas, incluindo a preparação do solo, sementeira, transplante, monda e actividades pós-colheita, enquanto que os homens só trabalham durante o tempo de lavoura e comercialização. Mesmo assim, as mulheres permanecem invisíveis no domínio da agricultura. Hoje em dia, a agricultura baseia-se na tecnologia e as mulheres rurais são geralmente analfabetas e têm pouco ou nenhum acesso à tecnologia moderna que leva a uma maior invisibilização (Ibid).

O analfabetismo entre as mulheres tem um impacto directo na sua representação política. Um estudo conduzido por Ghosh (2007) em Bengala Ocidental sobre a representação das mulheres em *panchayats grama* revelou que entre as mulheres membros no distrito de Bankura apenas 75,65% receberam educação formal até ao ensino primário e superior em comparação com 94,18% do total de membros masculinos. De acordo com este estudo, a escolaridade proporciona várias oportunidades e aptidões, como capacidades de liderança, capacidades críticas, e outras aptidões valiosas que capacitarão os membros femininos a reforçar as suas posições políticas. Assim, este estudo provou que os partidos políticos nomeiam mulheres de faixas etárias mais baixas devido ao seu maior analfabetismo e falta de confiança para participarem e se envolverem nos debates sobre a realização de mudanças nas políticas/regimes. Assim, o analfabetismo das mulheres contribui para a sua subordinação.

Em várias esferas, a socialização primária e secundária tem impacto nas vidas sociais, conduzindo muitas vezes à desigualdade de género. De acordo com o estudo realizado por Bora e Saharia (2007) no Handique Girls' College, Guwahati, no qual seleccionaram cinquenta estudantes cada uma através de amostragens aleatórias das correntes científicas e artísticas e revelaram que os antecedentes sociológicos e as exposições relevantes desempenham um grande papel na construção da personalidade de uma pessoa e das suas percepções sobre as suas vidas. A educação das crianças do sexo feminino é uma dessas esferas onde a desigualdade de género é pronunciada. A Índia tem as mais baixas taxas de alfabetização entre as mulheres e também tem enfatizado vários benefícios de educar uma rapariga como um incremento nas taxas de participação das mulheres, reduz as taxas de fertilidade, reduz as taxas de mortalidade infantil, e também ajuda a criar um forte sistema de apoio para as próximas gerações (Murugan, 2007; Sen, 2001). Murugan (2007) declarou que as mulheres têm um enorme potencial inexplorado e são capital humano. Educá-las aumentará as suas capacidades de participar no desenvolvimento económico da nação e reduzirá as taxas de pobreza, o que conduzirá ao empoderamento das mulheres.

Género e Discriminação

Género e discriminação são termos que são frequentemente tomados no mesmo fôlego. No discurso do Género, a discriminação figura maioritariamente. Segundo Reeves e Baden (2000), a discriminação de género é "o tratamento sistemático e desfavorável dos indivíduos com base no seu género, que lhes nega direitos, oportunidades, ou recursos". Sen (2001) salientou também que muitas raparigas não têm a oportunidade de prosseguir estudos superiores e o investimento na educação dos rapazes tende a ser mais elevado do que as raparigas. Chanana (2007) declarou que as raparigas são tratadas como uma responsabilidade nas suas próprias casas e que o seu desejo de seguir um curso geral ou profissional depende das decisões da sua família e das estruturas sociais. Assim, podemos ver que existem muitas diferenças de género em termos de proporcionar educação a raparigas e rapazes.

O Projecto Concern International definiu a discriminação de género como "a prática de tratar um grupo de pessoas de forma diferente dos outros". De acordo com a Fundação para o Desenvolvimento Sustentável, a discriminação de género é a questão mais importante que precisa de ser abordada. A organização também enfatiza que as mulheres enfrentam a discriminação baseada no género devido ao patriarcado e às suas normas tradicionais. Também se concentrou nas questões de saúde e educação das mulheres e declarou que as mulheres estão mal nutridas porque são o último membro de um agregado familiar a comer e são elas as últimas a receber atenção médica. A fundação também mencionou que, em comparação com os 76 por cento de homens alfabetizados, apenas 54 por cento das mulheres são alfabetizadas na Índia. As mulheres recebem menos escolaridade e a sua educação é desvalorizada.

Depois de se ter adquirido conhecimentos sobre os preconceitos de género existentes na Índia, é necessário compreender o impacto da discriminação de género de uma forma holística. A fundação para o desenvolvimento sustentável mencionou as leis discriminatórias relacionadas com a herança e o divórcio que afectam as capacidades das mulheres e a sua capacidade de gerir bens financeiros substanciais para a sua autonomia e segurança. Segundo Sharma (2014), existem várias leis como o assédio sexual no local de trabalho, leis cibernéticas sobre cibercrimes, celas de mulheres em esquadras de polícia, etc., que estão a orientar e a proporcionar reparação às mulheres. O conceito de igualdade formal reforçou as leis, mas a igualdade substantiva tem de ser tomada em consideração para que as pessoas desfavorecidas possam ter uma vantagem para apresentar as suas opiniões, o que conduzirá à justiça e ao empoderamento social. A própria lei torna-se um local de discriminação devido a preconceitos sociais que comprometem os desfavorecidos.

Em cada estrutura social, podemos ver a forma como as posições das mulheres são minadas, desvalorizadas, e invisibilizadas que, se autorizadas a utilizar, podem provocar uma mudança social. Por exemplo, Karam(2013) mencionou que a igualdade de género no sistema educativo pode levar a uma redução da violência contra raparigas e mulheres. A educação actua como um instrumento para melhorar as condições económicas das famílias economicamente atrasadas e tem o potencial de criar uma sociedade justa em termos de género. A promoção da educação das crianças do sexo feminino e da igualdade de género na educação é a principal área para a consecução de objectivos de desenvolvimento sustentável. É importante analisar a importância da educação para o desenvolvimento global dos indivíduos, o que conduzirá a uma transformação social.

Discriminação e educação em matéria de género

De acordo com Rao e Sweetman (2014), a educação pode ajudar a alcançar a igualdade de género reduzindo a frequência da discriminação de género através de um enfoque sistemático no empoderamento das mulheres e raparigas através da educação. A educação é um direito humano básico que não pode ser negado a ninguém, independentemente do seu género, classe, etnia ou casta (Rao & Sweetman, 2014).

De acordo com Karam (2013), a equidade deve ser tomada em consideração na elaboração de políticas educativas e há necessidade de corrigir as desigualdades históricas e estruturais para promover uma educação de qualidade para todos e a todos os níveis. Todos os aspectos relacionados com a educação devem seguir a abordagem baseada no direito, incluindo as dimensões estruturais dos sistemas educativos, métodos de educação, e conteúdos do currículo.

Dandapat (2015) estabeleceu uma diferença entre a paridade de género e a igualdade de género na educação em que observa que a paridade pode ser alcançada quando tanto raparigas como rapazes - relativamente aos seus grupos etários entram no sistema educativo, atingem vários objectivos na educação, e atingem o que estão dispostos a alcançar no futuro. A paridade na matrícula é um passo necessário para a igualdade de género, mas não é suficiente para matricular crianças. Afirmou que a equidade não significa que todos devem ser tratados em pé de igualdade, mas sim que todos estão a receber uma oportunidade igual.

Bhog e Ghose (2014) argumentaram que a Política Nacional de Educação, 1986, se centrou nas questões de género. Na década de 1990, a Índia tomou medidas no sentido de proporcionar o ensino básico. O Programa Distrital de Ensino Primário (DPEP) foi lançado para fornecer educação a crianças do sexo feminino. Reconheceram a melhoria das infra-estruturas, formação de professores, currículos e manuais escolares como ferramentas para promover a igualdade de género. Argumentaram que o Quadro Curricular Nacional 2000 sugeria que os objectivos e resultados da educação eram diferentes dos dos rapazes. A educação não era vista como um direito, mas era considerada como uma necessidade. O Quadro Curricular Nacional, 2005 levantou questões para além dos currículos e manuais escolares e reflectiu sobre a construção de discursos sobre o género na educação escolar.

Rao e Sweetman (2014) argumentaram que existem muitas barreiras específicas de género para as raparigas que estão dispostas a ir à escola e sublinharam que "o medo de professores do sexo masculino abusarem do seu poder e desenvolverem relações sexuais com raparigas estudantes, a falta de instalações para as raparigas lidarem com a menstruação na escola, e as ansiedades sobre a segurança das raparigas que viajam entre casa e a escola, são todos factores importantes para decidir se as famílias apoiarão ou não as suas raparigas a ir à escola.

Dandapat(2015) argumentou que alguns estudos sugerem que os cenários de sexo único são eficazes na redução dos estereótipos de género quando se pretende' aumentar a auto-confiança das raparigas e encorajar a sua experimentação com actividades não tradicionais de género, e para proporcionar um cenário para os rapazes enfrentarem as suas atitudes e comportamentos masculinos", mas está a tomar uma posição de apoio à co-educação e declarou que será eficaz para encorajar amizades entre géneros, reduzir as preferências curriculares estereotipadas e enfrentar certos comportamentos e atitudes estereotipadas de crianças de ambos os sexos.

Aikman e Rao (2012) definiram a educação de qualidade como "*uma ferramenta para questionar o jogo de poder existente na sociedade e abordar questões como ' quem tem o poder e que tipo de poder - para, por exemplo, tomar decisões sobre escolaridade e processos escolares tais como objectivos curriculares e estratégias pedagógicas de ensino e aprendizagem, o que é [considerado] conhecimento adequado para raparigas e rapazes aprenderem, e questões sobre os diferentes percursos profissionais de mulheres e homens, salários e condições de trabalho dos funcionários"*. Género e educação também se referem a práticas que operam em sistemas educativos como escolas, universidades, ou instituições de ensino superior. Um aspecto é a análise da discriminação de género, que pode ser abordado através da promoção da educação. O outro aspecto consiste em estudar como existem práticas discriminatórias de género no próprio sistema educativo que contribuem para a discriminação de género em maior escala. Rao e Sweetman(2014) não se limitaram a afirmar sobre o papel da educação na promoção da igualdade de género, mas concentraram-se também em várias questões relacionadas com a educação como a escolaridade, os objectivos curriculares, as estratégias pedagógicas, e o processo de disseminação do conhecimento e afirmaram que estes processos de aprendizagem e ensino são profundamente sexistas e afectam também as vidas futuras daqueles que estão a aprender. O currículo enfatiza o que tem de ser feito. É o quadro mais amplo que compreende as matérias a incluir, experiências de aprendizagem, estratégias de ensino, recursos necessários e actividades a realizar, e mesmo os métodos utilizados para a avaliação. Os métodos de ensino e as percepções dos professores afectam os resultados de aprendizagem dos estudantes e podem levar ao reforço de estereótipos baseados no género em ambientes de sala de aula. A pedagogia é muito mais complexa de compreender no que respeita à discriminação de género existente no sistema educativo. É importante reflectir sobre as práticas pedagógicas para compreender como as percepções dos professores estão a moldar a vida dos estudantes e dos próprios professores.

Pedagogia

Boundless (2016) definiu a pedagogia como "diferentes tipos e variações de ensino". Há muitas maneiras de os estudantes aprenderem e os professores ensinarem. Algumas destas formas são aprendizagem de descoberta, aprendizagem em grupo, aprendizagem prática, aprendizagem à distância, e estudo independente. O Centro de Ensino e Aprendizagem enumerou 150 métodos de ensino, incluindo uma apresentação por estudantes e professores, método de conferência, debates nas aulas, trabalhos de manuais escolares, debates em grupo, relatórios de estudantes, etc. De acordo com Watkins e Mortimore (1993), a pedagogia é "qualquer actividade consciente de uma pessoa concebida para melhorar a aprendizagem noutra". "A pedagogia é um processo sustentado onde alguém(s) adquire novas formas de conduta, conhecimento, prática e critérios de alguém(s) ou algo considerado como um fornecedor e avaliador adequado" (Bernstein, 2000, p.78). Alexander (2001) declarou que o ensino é um acto e a pedagogia é simultaneamente um acto e um discurso (p.540).

A pedagogia tem vários constituintes como as ideias, crenças, atitudes, conhecimentos e compreensão dos professores sobre o currículo, o processo de ensino e aprendizagem, e os seus alunos, e que podem ter impacto nas práticas de ensino, e estas coisas estão relacionadas com o que os professores dizem, fazem, e pensam nas salas de aula. De acordo com Alexander (2001), as crenças dos professores são constituídas por aspectos sociais, culturais e políticos. Majumdar e Mooij (2011) afirmaram que a pedagogia "é o tipo de práticas ensino-aprendizagem que ocorrem e o tipo de teorias e crenças que informam e moldam estas práticas (p.105). Ambos argumentaram também que se a pedagogia empregada pelo professor não está a ajudar as crianças a pensar em si próprias, então prejudica a auto-estima das crianças e também afecta a consciência das crianças, afectando, assim, o seu crescimento e desenvolvimento. As desigualdades existentes na sociedade afectam as capacidades das crianças, pois "algumas crianças são bem sucedidas - muitas vezes rapazes urbanos de meios mais ricos - enquanto outras são "silenciosamente excluídas", não conseguindo compreender o que se passa na sala de aula. As lacunas na aprendizagem entre crianças urbanas e rurais, capazes e deficientes, ricos e pobres, rapazes e raparigas, têm aumentado desde 1990" (UNESCO, 2012). Nawani (2016) discutiu que existe uma relação entre os locais sociais das crianças e as escolas que frequentam.

Majumdar e Mooij (2011) afirmaram que existe um grande equívoco entre os professores e pais de família de que a aprendizagem convencional orientada pelo livro didáctico, juntamente com a memorização, é a melhor pedagogia. Recomenda-se à maioria dos professores que sigam "métodos lúdicos" de acordo com o plano de estudos atribuído, o que sugere que a aprendizagem baseada em actividades não ajudará as crianças a crescer. Pedagogia na Índia é apenas a memorização de manuais escolares e exames para verificar as competências das crianças (Majumdar& Mooij, 2011). Na maioria das escolas, as novas pedagogias são reduzidas a cantar canções em conjunto, sendo disciplinadas, e trabalhando seriamente de acordo com os prazos dados para o trabalho.

A pedagogia é também profundamente influenciada pela escolaridade tanto dos professores como dos alunos. Nambissan (2013) argumentou que é importante compreender e abordar as desigualdades sociais e que a educação pode actuar como um instrumento para subjugar as desigualdades. Referiu também que os sociólogos não têm prestado muita atenção à forma como os estudantes estão a aprender nas escolas e aos métodos utilizados para ensinar e aprender nas salas de aula. O ambiente sócio-cultural da Índia é diversificado. Portanto, justifica-se assumir que as experiências de aprendizagem do indivíduo serão diferentes. Na sociologia da educação, a escola e a sala de aula indiana encontram-se entre as áreas mais subdesenvolvidas. Afirmou firmemente que o facto de se negligenciar o estudo das escolas levou a complexidades nas experiências de aprendizagem das crianças e está a influenciar profundamente a psique das crianças. Ela salientou que negligenciar o estudo das escolas levou a complexidades que surgem nas experiências de aprendizagem das crianças e está a influenciar profundamente a psique das crianças. O sistema educativo estratificado e a "escolarização desigual", como factor chave na reprodução da desigualdade na Índia, tem também recebido uma atenção crescente (Jayaram 1977; Velaskar 1990). Velaskar (1990: 141) argumentou que a escolarização criou e reforçou novas desigualdades ao mesmo tempo que se concentrava na reprodução social. Kumar (1989) salientou que existe uma relação entre a identidade do aluno e o conhecimento e aprendizagem escolar. Talib (1992) argumentou que o currículo se concentra apenas em pessoas que são dominantes e fortes e exclui a vida das pessoas marginalizadas. Ele observou que os alunos são reconhecidos como inaptos são aqueles que não estão dispostos a estudar mais ou a adquirir uma nova forma de conhecimento. Bernstein observou que existe uma diferença entre 'ordem instrumental' (comportamento e actividades de acordo com o conjunto de competências dos estudantes) e 'ordem expressiva' (comportamento e actividades relacionadas com o código de conduta, maneirismo e carácter) da escola e elaborada revelando que a aprendizagem é influenciada pela forma como os estudantes e os seus pais, mesmo os professores, estão a concentrar-se em ambas as ordens. Estas desigualdades sociais são reproduzidas e reforçadas através da linguagem dos manuais escolares. Foram levantados vários pontos relacionados com a perspectiva negativa dos professores e como eles estão a estereotipar SC, STs, e mulheres (reflectidos nas observações e tipificações dos professores); representação em manuais escolares (Marginalização e representação inferior de pessoas de castas inferiores e mulheres). Bhog (2002) tem mostrado um preconceito significativo existente nos manuais de ciências sociais em que as mulheres estão sub-representadas e as suas realizações foram normalizadas mostrando que estavam a cozinhar, lavar, limpar e rezar. As realizações das mulheres foram consideradas como realizações apenas se elas conseguirem lidar tanto com a sua vida privada como pública.

Género e Curriculum

A pedagogia é profundamente influenciada pelo currículo. "O currículo é o ponto de referência fundamental para professores, particularmente nos países em desenvolvimento, onde é codificado no manual oficial e nos guias do professor. As abordagens pedagógicas, estratégias e práticas dos professores servem assim para promulgar o currículo. O currículo liga o macro (objectivos e conteúdos educacionais oficialmente seleccionados) com o micro (o acto de ensinar e avaliar na sala de aula/escola) e é melhor visto como "uma série de traduções, transposições e transformações" (Alexander, 2009, p.16; ênfase original). Assim, currículo, pedagogia e avaliação estão inter-relacionados e influenciam-se mutuamente na interacção quotidiana da sala de aula (Bernstein, 1975; Alexander, 2009).

Pedagogia e Curriculum

Majumdar, Mooij, e Sinha (2011) argumentaram que a pedagogia e o currículo estão a enfatizar mais as realidades remotas em vez de se concentrarem nas diversidades existentes na sociedade indiana. A Apple (1989) explorou que a produção de manuais escolares não é apenas uma questão de classe, mas está também relacionada com o género das pessoas que publicam os materiais, bem como com a classe e o género das pessoas que ensinam utilizando estes manuais escolares. A produção de manuais escolares é feita por pessoas das classes dominantes e é o processo através do qual o currículo entra nas percepções de um professor e as percepções dos professores influenciam o crescimento e desenvolvimento da personalidade dos alunos.

Majumdar e Mooij (2011) observaram que os professores que estão a gerir várias turmas estão a dar tarefas em sala de aula, o que significa simplesmente copiar dos manuais escolares que não enfatizam o desenvolvimento de certos hábitos nas crianças, como o auto-estudo ou o trabalho em grupo, o que os pode ajudar a reflectir sobre certos assuntos ou problemas(p.115). Apple (1989) revelou que os manuais escolares são parcialmente libertadores porque fornecem a informação necessária, mas é um dos principais aspectos que domina não só o sistema educativo mas também controla o sistema social. Identificou que o sistema de rote-learning tornou as crianças menos curiosas e inquisitivas e em que as crianças não podem desenvolver competências como o pensamento crítico, o raciocínio analítico, etc. A aprendizagem por rote-learning não só é responsável pela criação de mentes acríticas e passivas, como também é responsável pela reprodução das desigualdades sociais, porque as crianças são incapazes de questionar as hierarquias sociais à medida que o rote-learning normaliza o conteúdo e as crianças sentem que não devem questionar os seus professores porque os seus professores estão a conhecer melhor as disciplinas. Este sistema faz sofrer mais as crianças que pertencem a meios socialmente desfavorecidos, uma vez que as crianças que têm um passado privilegiado podem alcançar sucesso material devido ao seu capital cultural e capital social.

Kumar (2008) afirmou que precisamos de nos concentrar "nos rostos das crianças, no estado da sala de aula, na personalidade e preparação do professor, e na qualidade dos livros de texto e outro material disponível para o professor", para que possamos abordar a questão do que deve acontecer na sala de aula. Tal como Nambissan (2013), Majumdar e Mooij (2011) também argumentaram que o sistema educativo está centrado no que acontece no interior da sala de aula. Eles viram a sala de aula de três formas distintas: social, relacional, e espaço ideacional. Descreveram a sala de aula como um lugar onde as construções sociais maiores interagem onde a relação professor-aluno está "no centro das actividades da sala de aula" e, finalmente, discutiram que uma sala de aula testemunha, através de várias práticas pedagógicas que levam à emergência de várias ideias e valores de educação, infância, e vida de uma forma mais generalizada. Observaram que as instalações escolares permaneciam muitas vezes impuras, especialmente depois das férias escolares, e foi pedido às crianças que limpassem a área. As raparigas varriam frequentemente o chão enquanto os rapazes eram responsáveis por ir buscar água para a sanita ou trazer cadeiras para os professores e os visitantes. Durante a sua visita de campo a Bengala Ocidental, elas descobriram que as raparigas faziam todas as tarefas domésticas e cozinhavam antes de virem para as escolas. Nas escolas co-educacionais, observaram que os rapazes e as raparigas se sentavam separadamente e os melhores alunos sentavam-se à frente e os alunos lentos sentavam-se ao fundo. Os professores concentram-se mais nos alunos que estavam sentados perto deles. Observaram que as crianças menos avançadas academicamente se encontravam sentadas fora da sala de aula. Em muitas escolas, os castigos corporais e os abusos verbais eram práticas comummente utilizadas.

Sayed (2007) e Talib (1992) também mencionaram que o castigo corporal era um local comum dentro das salas de aula quando as crianças não eram capazes de actuar de acordo com as expectativas pedagógicas dos professores. O mau desempenho, fracasso e abandono das escolas afectou um grande número de alunos Dalit e Adivasi, uma vez que estes não conseguiram cumprir a ordem instrumental promovida pelas escolas. Até Majumdar e Mooij (2011) observaram que os professores pensavam que as crianças de casta/classe inferior não têm etiquettes e muitas vezes usam linguagem grosseira e palavras abusivas durante a interacção na sala de aula. Assim, dão-lhes castigos severos.

Nambissan (2010b) declarou que nas escolas, as hierarquias de castas eram visíveis em espaços onde se forneciam comida e água, na divisão do trabalho dentro das salas de aula, e em espaços sagrados onde se realizavam rituais. Majumdar e Mooij (2011) argumentaram que a sala de aula é "uma zona silenciosa de exclusão".

Majumdar e Mooij (2011) mencionaram que muitas crianças disseram que se um rapaz se sentar ao lado de uma rapariga ou vice-versa, os seus nomes apareceriam nas paredes da casa de banho, na sala de aula e no quadro negro sob a forma de graffiti. A maioria dos rapazes frequentou escolas privadas enquanto as raparigas estavam matriculadas em escolas de línguas minoritárias. Dentro das salas de aula, as raparigas estão a ficar mais distraídas do que os rapazes, pois têm de tomar conta dos seus irmãos mais novos. Rapazes e raparigas recebem diferentes trabalhos extracurriculares dos professores que estão a levar à divisão de trabalho por género.

Manjrekar (2013) argumentou que "os ideais educacionais e as suas representações no currículo e práticas escolares são afectados pelo género em todas as sociedades" (p.161). Os controlos patriarcais de várias hierarquias sociais como classe, casta e religião reforçaram as assimetrias de género, o que é responsável por produzir desigualdades educacionais em relação ao acesso, provisão, e realização das raparigas, especialmente as que pertenciam a camadas marginalizadas da população (c.f. Chanana 1990, 2003; Velaskar 1990). Os sociólogos feministas têm argumentado que os discursos educacionais são de género, tanto a nível prático como teórico. A investigação sobre os currículos escolares revelou como os papéis de género são aplicados às crianças pelas escolas dentro das salas de aula. O currículo apresenta um mundo naturalmente dominado por homens, muito afastado das experiências das crianças. Assim, o currículo compromete-se a envolver-se na divisão sexual do trabalho, naturalizando-o. Na escola, foram atribuídas tarefas às raparigas que as tornarão dependentes da autoridade do professor, enquanto aos rapazes foram atribuídas tarefas que aumentarão a sua auto-confiança e força, e as tarefas atribuídas aos rapazes foram além dos limites da escola (Bhattacharya, 1999). Karlekar (1989) declarou que se esperava que as raparigas se saíssem bem nos seus estudos, mas que não deveriam ser competitivas e não deveriam exigir liberdade de expressão, que era essencial para o desenvolvimento da personalidade. Em comparação com os rapazes, as raparigas não eram pressurizadas para se saírem bem nos estudos. Os rapazes assistiam a aulas de coaching por pontuarem bem, mas a maioria das raparigas não era enviada para aulas de coaching. Manjnekar afirmou que os rapazes aspiram a ser os líderes enquanto as raparigas são marcadas como sendo um agente moral para influenciar a boa cidadania.

A Apple (1989) mencionou que o livro-texto estabelece condições para o ensino e aprendizagem nas salas de aula. Define o que é a elite e uma cultura legítima que tem de ser transmitida aos estudantes. As escolas e as suas práticas curriculares e de ensino são obrigadas a aderir às necessidades económicas de uma determinada nação. Para as raparigas, o sucesso é trabalhar arduamente para criar cidadãos, inculcando valores morais, valores nacionais e normas. Para as raparigas, existem expectativas diferentes da sua escolaridade: alfabetização básica, competências numéricas, um grau limitado de auto-confiança que a pode ajudar a criar as crianças de uma forma melhor juntamente com a gestão do trabalho doméstico (Bhattarcharya 1999; Kanhere 1989).

Género e Ciência

Dandapat(2015) salientou que à medida que as crianças progridem na escola e começam a ponderar sobre os seus futuros percursos profissionais, as suas ambições variam de fase para fase. Observou que as raparigas estão mais inclinadas a frequentar cursos teóricos como literatura, psicologia, etc. e os rapazes preferem inscrever-se em cursos específicos de ciências e tecnologia. Talvez tenha declarado que esta observação não é o resultado de essencialismo biológico, mas deve-se a estereótipos de género populares que atribuem comportamentos e qualidades diferentes tanto a homens como a mulheres.

Dandapat (2015) citou Nosek que revelou que "estereótipos implícitos a nível nacional que associam as ciências com os homens mais do que as mulheres previram que existe uma diferença de sexo a nível nacional nas ciências do 8º ano e nas realizações matemáticas, mas os estereótipos auto-relatados não reflectiam nenhuma lacuna significativa". Dandapat (2015) revelou que rapazes e raparigas estão a escolher percursos profissionais diferentes devido a diferenças neurológicas e que os rapazes utilizam áreas mais corticais que são específicas do funcionamento espacial e mecânico, enquanto as raparigas estão a concentrar-se no funcionamento verbal e emocional, mas Dandapat argumentou que se rapazes e raparigas tiverem anos semelhantes da escolaridade e dos resultados dos testes cognitivos iniciais, então não pode explicar porque fazem escolhas profissionais diferentes, mas o NCERT(2006) também revelou que as raparigas na mesma turma recebem educação científica diferente dos rapazes e concentrou-se em dar formação aos professores sobre sensibilização para o género, para que possam motivar as raparigas a seguir as ciências.

De acordo com Brotman e Moore (2007), as raparigas estão sub-representadas em Física, tecnologia, e engenharia. Trabalharam em torno de quatro temas centrais: equidade e acesso, currículo e pedagogia, reconstituição da natureza e cultura da ciência, e identidade. Argumentaram que a orientação sexual das raparigas as marginaliza de fazer ciências e que os estudos que escolheram para a sua análise não diferenciavam entre sexo e género (c.f. Rennie, 1998). Exploraram que os manuais escolares são tendenciosos em termos de género e que estes manuais reflectem preconceitos masculinos e estereótipos de género (c.f. Guzetti & Wiiliams, 1996). Os seus estudos revelaram também que existem muitas diferenças de género nas realizações, atitudes e participação científicas. As atitudes das raparigas em relação à ciência são menos positivas e diminuem ainda mais com o tempo.

Benavot (2016) elaborou que na Índia, mais de metade dos exemplos em livros de matemática e ciências primárias representavam homens e apenas seis por cento mulheres. Nos livros de matemática, os homens faziam actividades como comerciais, profissionais e de marketing, e nem uma única mulher era representada como executiva, engenheira, lojista, ou comerciante.

De acordo com um estudo comparativo realizado por Jerrim e Schoon (2014), no qual foram recolhidos dados de um estudo da OCDE de jovens de

15 anos que se centrou nas suas capacidades cognitivas e nas suas atitudes em relação a várias disciplinas e às suas expectativas de carreira. Revelaram que as taxas de participação mais baixas entre as raparigas em cursos e carreiras STEM não se devem à sua falta de capacidade académica. O seu estudo revelou que as raparigas estão mais interessadas na leitura do que os rapazes e as raparigas têm menos interesse em matemática e ciências físicas. Assim, os rapazes tendem a escolher as ciências como carreira mais do que as

raparigas, uma vez que as escolhas se baseiam no contexto social e são feitas com base no género, porque mesmo em alguns dos países desenvolvidos, as escolhas são feitas com base nos papéis de género preferidos, socialização primária nos lares, e socialização secundária nas esferas públicas.

Parker et al. (2014) concentraram-se em como o auto-conceito afecta o crescimento e desenvolvimento pessoal dos indivíduos e também afecta as escolhas disciplinares dos estudantes. Observaram que existe uma grande discriminação baseada no género nas ciências físicas, matemática, engenharia e tecnologia. O seu estudo revelou que existe uma ligação entre a capacidade matemática a nível escolar e as escolhas feitas pelos indivíduos em relação à escolha das ciências na escola e, mais tarde, em relação às suas carreiras nas ciências. Observaram também que as raparigas participam mais nas ciências médicas do que preferem a matemática, a física e a engenharia. Os seus resultados revelaram que 56% das mulheres aspiravam a fazer uma carreira em humanidades, em comparação com apenas 26% dos homens, mas os homens preferiam entrar em cursos profissionais como engenharia em vez de outros. Revelaram que o género teve um forte efeito no desenvolvimento das percepções dos indivíduos sobre si próprios e os estereótipos baseados no género são considerados ao fazer escolhas. Assim, é dada menos importância aos valores de realização em comparação com os estereótipos de género e os aspectos de socialização.

Sanders (2005) tem argumentado que mesmo que as mulheres optem pela engenharia, estão relutantes em perseguir mecânica, civil, ou eléctrica. Elas estão inclinadas a optar pela informática. Argumentou que mesmo nas ciências informáticas, as mulheres têm menos representação nas tecnologias de informação e comunicação (c.f. Johnson,1982).

Ao rever a literatura acima referida, reparei que as experiências escolares das crianças devem ser estudadas para compreender o que o sistema educativo está a fazer. Como Nambissan (2013) já mencionou que existe uma necessidade de estudar a escolarização e as salas de aula porque estes espaços são os principais promotores do conhecimento e Apple(1989) mencionou que existe uma ligação clara entre a escolarização e o poder económico, cultural e político que só poderia ser compreendida entrando na escola para compreender o que acontece e examinando a relação entre a educação e "o Estado" e entre a cultura e a economia na economia na educação. Este estudo tentará analisar como a escolarização molda várias identidades sociais e o que poderia ser feito para resolver as dinâmicas sociais existentes que partem do nível básico de escolarização e que ainda se manifesta. Apple (1989) mencionou também que os debates sobre o papel da educação na distribuição e produção do poder económico, político e cultural são falados a níveis abstractos e os educadores colocam frequentemente a educação num compartimento diferente. Assim, não interagem com a casta, a classe e o género, o que impede a educação de obter o seu significado social. O género tem sido sempre considerado secundário. Assim, tornei-o uma preocupação primária dentro dos limites das salas de aula porque é frequentemente negligenciado e pouco discutido. Em termos de educação científica, há uma tendência notificada observada por muitos estudiosos, incluindo Dandapat (2015) de que as mulheres estão sub-representadas nas ciências, e as mulheres que praticam ciências recebem menos reconhecimento. A representação androcêntrica e masculina das ciências não só a torna menos objectiva, como também tem forçado as mulheres a permanecerem fora do fluxo da ciência. Este estudo vai trazer à tona as várias razões que estão a tornar as mulheres relutantes em escolher a ciência como a sua carreira.

Metodologia

Este capítulo centrar-se-á nos vários aspectos relacionados com a minha recolha de dados para melhorar a minha análise, tais como, amostra, concepção da investigação, ferramentas utilizadas para a recolha de dados, e os procedimentos que segui para a recolha de dados.

Desenho de investigação

Este estudo tem dois objectivos principais, incluindo, a ligação entre o género do professor e a participação dos alunos nas aulas e a exploração de vários métodos de ensino utilizados pelos professores de Ciências nas salas de aula. Neste estudo foram utilizados métodos quantitativos e qualitativos de recolha de dados e os dados são analisados utilizando técnicas apropriadas. Operacionalmente, a participação na aula pode ser definida como o número de vezes que o professor chamou nomes de ambos os sexos e o número de vezes que raparigas e rapazes se envolvem dentro das salas de aula de ciências, respondendo ou fazendo perguntas. Este estudo foca também uma variedade de métodos de ensino utilizados pelos professores para criar um ambiente de aprendizagem de impacto. Operacionalmente, os métodos de ensino são uma das componentes essenciais da pedagogia, e muitas vezes nas salas de aula, os professores tendem a utilizar a tecnologia para criar impacto visual para além do método tradicional 'giz e quadro', para que os estudantes tenham clareza conceptual sobre conceitos matemáticos ou de ciências físicas. Este estudo centra-se nas ciências naturais que compreendem a física, a química, a matemática e a biologia, que são ciências naturais. As ideias de género em torno das ciências levam frequentemente a que o campo das Ciências Naturais seja visto mais como um relvado masculino e a considerar as Ciências Sociais como ciências suaves.

Amostra

Para atingir o meu primeiro objectivo que é explorar a ligação entre o género do professor e a participação dos alunos nas aulas, desenvolvi um questionário de inquérito para 240 alunos de cinco escolas governamentais de dois distritos de Chhattisgarh, nomeadamente Korba e Durg. Neste estudo, foram utilizadas técnicas de amostragem múltipla. Ao seleccionar as escolas, foi utilizado o método de amostragem de conveniência, enquanto que uma técnica de amostragem aleatória foi utilizada para seleccionar alunos de quatro graus, ou seja, 9º, 10º, 11º, e 12º. A distribuição das amostras entre as séries e escolas é mencionada nas tabelas seguintes:

Quadro 1: *Descrevendo o número de alunos seleccionados nas três séries de três escolas juntamente com os locais.*

Nome da escola	9º Grau		10ª classe		11ª classe	
	Alunos do sexo masculino	Estudantes do sexo feminino	Alunos do sexo masculino	Feminino estudantes	Alunos do sexo masculino	Estudantes do sexo feminino
Escola 1 (Bhilai, Durg)	10	10	10	10	10	10
Escola 2 (Bhilai, Durg)	10	10	10	10	10	10
Escola 3 (Korba)	10	10	10	10	10	10

Quadro 2: *Descrevendo o número de alunos seleccionados ao longo do 12º ano e de cinco escolas, juntamente com os locais das escolas.*

Nome da escola	Classe 12	
	Alunos do sexo masculino	Estudantes do sexo feminino
Escola 1 (Bhilai, Durg)	1	3
Escola 2 (Bhilai, Durg)	1	7
Escola 3 (Korba)	7	12
Escola 4 (Jarwe, Korba)	15	7
Escola 5 (Rampur, Korba)	7	1

Entrevistei 22 estudantes de engenharia da faculdade 1 e três cursos, isto é, de ciências eléctricas, mecânicas e informáticas. A distribuição da amostra está representada na tabela seguinte:

Quadro 3: *Os estudantes participaram numa entrevista dentro do campus da faculdade através de três cursos de engenharia.*

Streams	Alunos do sexo masculino	Estudantes do sexo feminino
Elétrica	5	4
Mecânica	3	2
Ciências informáticas	3	5

Para alcançar o meu segundo objectivo de explorar os vários métodos de ensino utilizados pelos professores de ciências, entrevistei sete professores de três escolas que estavam a ensinar ciências nas classes 9, [10], 11, e 12. A distribuição da amostra de professores está representada na tabela seguinte:

Quadro 4: *Número de professores entrevistados de três escolas juntamente com a sua localização.*

Nome da escola	Biologia		Matemática		Física		química	
	Professores	Professoras	Professores	Professoras	Professores	Professoras	Professores	Professoras
Escola 1(Bhilai, durg)	0	0	1	0	0	0	1	1
Escola 2 (Bhilai, Durg)	1	0	0	1	1	1	0	1
Escola 4 (Jarwe, Korba)	0	0	0	0	0	1	0	1

Nota. Aqui, '0' não significa necessariamente que os professores não estejam presentes para as disciplinas.

No Quadro 4, '0' pode referir-se ao absentismo e outros factores, excepto no caso dos professores de Física, uma vez que nenhum dos professores de Física se especializou em Física. Ou eram especializados em matemática ou em química.

O tamanho total da amostra envolvida neste estudo é de 269, que é a soma cumulativa do número de professores (7) e estudantes de B.Tech (22) que foram entrevistados e também os estudantes que participaram no inquérito (240).

Instrumentos

Os instrumentos de investigação utilizados para este estudo foram: questionário de inquérito (*Anexo 1A*), guias de entrevista semi-estruturados (*Anexo 1B*) para professores, e estudantes de B.Tech., observação não-participante, e discussões em sala de aula. A adesão à ética da investigação em ciências sociais, e um formulário de consentimento informado foi fornecido aos participantes. Todas as ferramentas foram concebidas por mim.

Foram desenvolvidos guias de entrevistas e questionários para se obterem conhecimentos sobre a participação dos estudantes nas aulas e vários padrões emergentes relacionados com as áreas por eles escolhidas e as suas aspirações de carreira, e os inquéritos proporcionariam conhecimentos sobre a ligação entre o género do professor e a participação dos estudantes nas aulas. O guia de entrevistas para os professores destacaria as várias abordagens pedagógicas que os professores tendem a seguir e as suas percepções relativamente aos métodos que utilizam. O questionário focava questões como "Quem pode ensinar Física, Química, Matemática, e Biologia?" e estas perguntas revelariam as preferências dos estudantes relativamente ao género dos professores que ensinam matérias específicas e as discussões em sala de aula revelariam as razões relevantes que dão para verificar as respostas enquanto preenchem os questionários, enquanto as perguntas relacionadas com a sua participação activa em matemática, ciências, e todas as outras matérias revelariam a taxa de participação entre os estudantes do sexo masculino e feminino e o quão confortáveis estão enquanto interagem com os professores e os seus colegas durante as discussões, juntamente com a observação não-participante e as discussões em sala de aula revelariam também vários interesses/desinteresses dos estudantes. Atribuí o número 1 para as mulheres e 2 para os homens e a escala de proporção foi utilizada para extrair inferências em que na escala de 0 a 4 em que 4 significava "todas as vezes", 3 significava "a maioria das vezes", 2 significava "às vezes", 1 significava "raramente", e 0 significava "nunca". A escala de proporção irá medir a frequência da participação dos alunos nas aulas e a forma como os alunos se podem relacionar com os exemplos que o professor dá nas aulas de Ciências/Matemática.

Durante as entrevistas, os estudantes foram encorajados a fornecer justificações relativamente às suas expectativas de carreira, percepções sobre as suas percepções relativamente às suas áreas, e os percursos de carreira em que se querem dedicar. Para análise, a análise temática seria utilizada para análise qualitativa, enquanto que, para análise quantitativa, as percentagens seriam utilizadas para medir a frequência das respostas relacionadas com as suas preferências de professores/femininos para as disciplinas e também para medir o número de vezes que participam.

Procedimento

Para recolher os meus dados, fui às escolas e obtive autorização prévia dos directores. Na maioria das escolas, o chefe dos departamentos acompanhou-me e apoiou-me. Na maioria das escolas, fui a aulas individuais e seleccionei alunos através de amostragens aleatórias, chamando números de registo e assegurando que os alunos não escreviam os seus nomes para fins éticos, excepto na escola 1 em que fiz com que todos os alunos se sentassem nos auditórios para preencher o questionário. Na maioria das escolas, não fiz apenas parte da discussão e observação na sala de aula, mas também fiz parte das observações da sala de aula do pessoal. Para compreender os meandros da produção de conhecimento orientado para os manuais escolares e os vários métodos de ensino utilizados pelos professores que ensinavam ciências físicas, entrevistei professores de três escolas. Pedi-lhes que lessem o termo de consentimento informado e o assinassem antes de realizarem as suas entrevistas.

Para traçar as percepções e atitudes dos estudantes após a escolaridade relacionadas com a sua carreira em engenharia e como a escolaridade moldou as suas atitudes em relação à prossecução das ciências como carreira, entrevistei estudantes de engenharia da faculdade 1 mas não obtive um número igual de participantes das correntes como mencionado no Quadro 4, uma vez que a maioria dos estudantes se estava a preparar para os exames semestrais.

Enquanto recolhia os dados, enfrentei muitos desafios como não conseguir um número suficiente de alunos da 12ª classe nas escolas, pois estavam a preparar-se em casa ou a ter aulas de coaching. A escola localizada em Jarwe ficava a 25 quilómetros da principal cidade de Korba e estava situada numa área onde não havia infra-estruturas disponíveis. Não havia hospitais, sanitários, electricidade, mas apenas campos, montanhas, e canais para irrigação.

Ao entrevistar estudantes de engenharia, não consegui um número igual de participantes. Algumas das escolas não me permitiram recolher dados porque estavam a decorrer exames pré-embarque quando fui à recolha de dados. Enquanto recolhia os dados na escola 5, a professora de Física não me permitiu discutir as razões por detrás das respostas verificadas/desmarcadas, pois estava com pressa de assistir à sua aula. A análise e as interpretações dos dados são apresentadas no capítulo seguinte.

Resultados e Discussões

Este capítulo centrar-se-á na abordagem das duas questões de investigação identificadas que têm um profundo impacto no género na pedagogia das ciências naturais. Estes resultados foram retirados tanto de análises quantitativas como qualitativas e as interpretações são retiradas de análises temáticas. Este capítulo tem duas partes: Género e participação na sala de aula e métodos de ensino utilizados nas salas de aula.

Género e participação na sala de aula

Para abordar a primeira pergunta de investigação, o impacto do género do professor na participação na sala de aula dos alunos investigei a ligação entre o género do professor e a participação na sala de aula dos alunos através da observação na sala de aula, questionário de inquérito, e guias de entrevista tanto para professores como para alunos.

O estudo revelou que 85% do total dos estudantes preferem professores de Matemática do sexo masculino e apenas 14,6% dos estudantes concordaram que a Matemática pode ser bem ensinada por professoras. 82% dos estudantes do sexo feminino querem que os seus professores de Matemática sejam homens e 88,3% dos estudantes do sexo masculino preferem professores de Matemática para os homens. Ao interagirem com estudantes do 9º, 10º, 11º, e 12º ano, disseram que os professores masculinos são confortáveis com números e tecnologia, mas as professoras não são capazes de resolver problemas matemáticos. Tanto os estudantes do sexo masculino como feminino mencionaram que os professores de matemática carecem de clareza conceptual e não são capazes de resolver questões que não estão no seu programa de estudos e preferem limitar-se ao programa prescrito. Por outro lado, acreditaram que os professores masculinos são mais adequados para ensinar Matemática porque os fizeram praticar questões que não estão no seu programa de estudos e que eram interessantes de resolver e também ensinaram várias técnicas para resolver a mesma questão que uma professora de matemática não pode fazer. Alguns estudantes do sexo masculino narraram,

> *" A senhora vem e senta-se durante alguns minutos, dá uma soma para resolver e depois memoriza a soma e, passado algum tempo, pede a resposta certa sem perguntar se todos foram capazes de resolver ou não. Depois, alguns de nós, que somos bons em matemática, damos as respostas. Ela elogia-nos e pede-nos que resolvamos a soma no quadro. Cada aluno será capaz de fazer contas se o professor se concentrar não em dar respostas correctas, mas em dar conceitos".*

Embora Dandapat (2015) tenha discutido que existem diferenças de género nos níveis de realização das ciências e matemática entre rapazes e raparigas (Guzetti & Willams, 1996) e NCERT(2006) também revelou que raparigas e rapazes na mesma turma recebem uma educação científica diferente e os resultados da aprendizagem são moldados pelos estereótipos de género e, portanto, os objectivos de aprendizagem também são diferentes. Ao entrevistar tanto professores de matemática femininos como masculinos, um dos professores masculinos revelou que os rapazes participam mais, uma vez que têm muita imaginação científica que é necessária para resolver problemas baseados na geometria e as raparigas compreendem bem os conceitos, mas não participam, uma vez que Brotman e Moore (2007) mencionaram que as raparigas se concentram mais na compreensão dos conceitos, mas a sua participação é relacional. São cooperantes e menos competitivas do que os rapazes. As minhas descobertas revelaram que as raparigas participam mais durante as aulas de Biologia enquanto que tendem a participar menos nas aulas de matemática e física.

Estatisticamente, existe uma diferença significativa entre as preferências de professores e professoras que ensinam matemática entre estudantes do sexo masculino e feminino. Embora as entrevistas tanto dos professores de matemática como das professoras determinem que existe uma ligação entre o género do professor e o género dos estudantes que participam na aula, mas as discussões na sala de aula também revelaram que estudantes masculinos e femininos se sentem confortáveis com um professor de matemática masculino. As observações na sala de aula revelaram que os estudantes participam mais quando são ensinados por professores de matemática do sexo masculino. Assim, podemos ver que os estudantes estão inclinados para professores que podem clarificar os seus conceitos matemáticos, juntamente com o reforço das suas competências como o raciocínio lógico e as capacidades numéricas, dando-lhes questões que não estão no programa de estudos e explicando-lhes inúmeras formas de resolver questões que não são abordadas nos manuais escolares e nos exemplos dados nos manuais escolares. Alguns estudantes do sexo masculino afirmaram,

> *" Só um macho pode ensinar melhor matemática porque as fêmeas não são feitas para fazer contas. As fêmeas podem fazer tudo menos a matemática não é a sua chávena de chá. Elas têm medo da matemática. Algumas raparigas podem fazer melhor matemática porque têm amigos como nós, que são bons em matemática".*

Não podemos subestimar estas preferências tendenciosas dos estudantes, pois os professores são também o produto de um sistema semelhante e foram submetidos a um processo semelhante ao dos seus estudantes. Para estabelecer uma ligação directa entre o género do professor e a participação da classe, seria necessário explorar e compreender as experiências de escolaridade dos próprios professores.

O estudo revela que apenas 36,7% do total de raparigas se inscreveram em matemática na classe 11, enquanto que 70% do total de rapazes se inscreveram em matemática. Assim, variações significativas na taxa de matrículas mostram que as raparigas estão mais relutantes em aceitar matemática, enquanto que os rapazes acham mais fácil como Dandapat (2015) mencionou, se as escolas e as famílias não encorajarem as raparigas a aceitar matemática, então haverá sempre uma necessidade extrema de professoras para ensinar matemática nas escolas porque há um declínio no interesse entre as turmas e idades, uma vez que valores médios decrescentes entre as turmas e grupos etários significam que a taxa de participação entre raparigas e rapazes difere de uma classe para outra.

Tabela 5: *Valores médios de participação de rapazes e raparigas em Matemática*

Valores médios	Classe 9	Classe 10	Classe 11	Classe 12
Meninas	3.16	3.10	3.13	2.72
Rapazes	3.06	2.93	3.41	2.77

Os valores médios reflectem que as raparigas participam mais na 9ª e 10ª classes do que os rapazes e na 11ª e 12ª classes os rapazes participaram mais do que as raparigas e, durante as minhas observações em sala de aula, pude notar que mais estudantes do sexo feminino participam na 9ª e 10ª classes durante as suas aulas de matemática, enquanto pude ver algumas raparigas da 11ª e 12ª classes a fazer desenhos e desenhos nas suas carteiras ou cópias, o que indica que elas não estão interessadas em matemática. Entre 20 raparigas da turma 11 e uma turma de 40 estudantes, apenas 20% das raparigas participaram activamente nas aulas de matemática em comparação com 26% das raparigas da turma 9 não participaram activamente nas aulas de matemática. Mas há uma diminuição nas taxas médias de participação tanto de raparigas como de rapazes entre as classes. A diminuição das taxas de participação das raparigas após algum tempo é significativa. Mesmo Brotman e Moore (2007) assinalaram que há um declínio no interesse entre as raparigas após algum tempo e a sua atitude em relação à matemática e às ciências torna-se negativa após perderem o interesse. Se as raparigas estão a participar menos em matemática e ciências então nunca se sentirão à vontade enquanto aprendem ou ensinam disciplinas como matemática e física. Apenas 33,3% do total das raparigas participam activamente nas aulas de matemática, enquanto 56,33% do total dos rapazes participam activamente nas aulas de matemática. Assim, a falta de interesse em matemática não tem apenas a ver com a diferença de atitudes, mas também destaca as percepções de género existentes no sistema educativo sob a forma de livros escolares, pedagogias, currículo oculto, etc. e NCERT(2006) também sugeriu que há necessidade de organizar oficinas de sensibilização para os professores, de modo a que estes possam motivar as raparigas a dedicarem-se à matemática e às ciências. Mesmo Brotman e Moore (2007) revelaram que existem diferenças significativas de género nas realizações científicas, atitudes, e taxas de participação entre rapazes e raparigas. Assim, precisamos de compreender que os professores devem concentrar-se nas necessidades de aprendizagem dos estudantes, uma vez que estudiosos como Mlama e Diuom (2005) sugeriram que os professores devem planear as suas aulas depois de compreenderem as necessidades tanto de raparigas como de rapazes.

Devemos notar o tipo de experiências escolares a que raparigas e rapazes se submeteram enquanto optaram pelas disciplinas da 11ª classe. Em primeiro lugar, a maioria das raparigas ou optam por humanidades ou biologia, mas os rapazes estão inclinados para a tecnologia, matemática e engenharia, como assinalado por Dandapat (2015), mas o meu estudo reflectiu que até os rapazes se inscreveram mais em biologia do que em matemática. 90% dos rapazes e raparigas inscreveram-se em Biologia na classe 11 (agora na classe 12), em vez de optarem pela Matemática. Ao interpretar os dados para a classe 11, há uma diferença na tendência, pois podemos ver que 63,3% das raparigas se inscreveram em Biologia, enquanto apenas 36,7% do total de rapazes se inscreveram em Biologia.

A maioria dos rapazes mencionou que a percentagem de corte para optar pela matemática era superior à da biologia e alguns rapazes mencionaram que não se sentiam confortáveis em fazer matemática. Algumas raparigas mencionaram que nem sequer mantêm a matemática como segunda opção porque a matemática é um assunto difícil e as suas famílias mencionaram que se falharem na 11ª ou 12ª classe, então nunca mais serão enviadas para as escolas como sugerido por Rao e Sweetman (2014), as raparigas que estão dispostas a ir à escola enfrentam várias barreiras e os pais estão envolvidos na tomada de decisões relativas à sua escolaridade. Exploraram também que os pais não enviam raparigas para as escolas para que possam cuidar dos seus irmãos mais novos e ajudar as suas mães a completar as tarefas domésticas dentro de um prazo estipulado. Durante as entrevistas, um dos professores de biologia revelou que 90% dos estudantes pertencentes a famílias em que os seus pais se entregaram à migração sazonal. O respondente também mencionou que mais de 10% das raparigas desistem antes de poderem ser promovidas à classe12, uma vez que têm de cumprir muitas responsabilidades domésticas.

O meu estudo revelou que 76,25% preferem professores de física masculinos enquanto apenas 23,75% preferem professores femininos. 75% dos estudantes preferem professores de física masculinos e apenas 25% dos estudantes preferem professores de física femininos. 77,5% dos estudantes preferem professores de Física masculinos e apenas 22,5% dos estudantes preferem professores de Física femininos. As observações em sala de aula sugerem que as raparigas participam menos do que os rapazes durante as aulas de física e a maioria dos professores de física eram do sexo masculino. Ao entrevistar os professores, explorei que as raparigas são capazes de compreender a física, mas não se sentem confortáveis em aplicar os conceitos nas suas vidas práticas.

As raparigas preferem professores de física do sexo masculino porque têm ambas as aptidões que um professor de física deve ter que são clareza conceptual e capacidade numérica. Segundo elas, um professor de Física feminino não tem capacidades numéricas e se tanto o professor como o aluno não tiverem a confiança necessária para resolver problemas, isso afectará os interesses adquiridos de ambos, enquanto os rapazes comentaram que as mulheres não podem ensinar Física porque não são capazes nem de compreender os conceitos de Física nem de resolver os problemas. Afinal de contas, enfatizam o rote-learning. Assim, podemos ver que as percepções de género estão envolvidas, ao mesmo tempo que preferem um professor masculino ou feminino para determinadas disciplinas.

No caso da química, parece haver menos discriminação nas preferências relacionadas com um professor ou uma professora, mas as observações na sala de aula revelaram que mais homens respondiam às questões levantadas pela professora de química, enquanto que a professora tinha de sondar as alunas para responder a certas questões. Estatisticamente, 59,16% disseram que preferem professoras para a química e 40,83% preferem professores para a química. 38,33% das estudantes preferem professores de química masculinos e 61,66% preferem professores de química femininos. 43,33% dos estudantes do sexo masculino preferem professores do sexo masculino e 56,66% preferem professores do sexo feminino.

Alguns rapazes disseram que estão dispostos a ter uma professora de química feminina porque a química envolve muita memorização e disseram que as mulheres podem memorizar mais do que os seus homólogos masculinos. Alguns rapazes afirmaram que querem professores de química masculina para equilibrar as equações químicas, pois consideram que as professoras não são boas a equilibrar as equações químicas por falta de prática e têm medo dos cálculos. As raparigas também se pronunciaram sobre o facto de acharem o equilíbrio das equações químicas mais difícil do que a compreensão dos conceitos e, por outro lado, os rapazes acham a química interessante apenas quando estão a fazer experiências ou a equilibrar equações químicas. Mas, na maioria das escolas, os laboratórios não estavam bem equipados e os laboratórios não eram espaçosos. Pelo contrário, apenas 20 alunos cabiam dentro dos laboratórios e a maioria dos produtos químicos essenciais não estavam presentes nos laboratórios. Algumas raparigas disseram que estavam mais à vontade com as suas professoras porque, durante as aulas práticas, as professoras são suficientemente pacientes para lidar e prestar atenção às necessidades de cada estudante. As professoras são mais cooperantes do que os professores do sexo masculino. Alguns rapazes afirmaram que os professores masculinos não se concentram no processo de experimentação, mas apenas nos resultados/resultados. Por conseguinte, preferem professores do sexo feminino para a química. A inversão dos números é indicativa do facto de que a Química pode ser ensinada tanto por professores masculinos como por professoras com o mesmo nível de proficiência, mas as percentagens revelam que a Química pode ser melhor ensinada por professoras, uma vez que requer muita memorização juntamente com a compreensão de conceitos. Mesmo os conceitos de Química precisam de muita memorização associada a nomes e representação simbólica de elementos juntamente com a sua posição na tabela periódica e os seus valores. Dandapat (2015) revelou que as raparigas são mais capazes de armazenar informação, pelo que estão mais inclinadas para assuntos teóricos. Assim, podemos ver como o género se perpetua na mente dos estudantes. Alguns rapazes disseram que estão dispostos a ter uma professora de química feminina porque a química envolve muita memorização e disseram que as mulheres podem memorizar mais do que os seus homólogos masculinos. Alguns rapazes afirmaram que querem professores de química masculina para equilibrar as equações químicas, pois consideram que as professoras não são boas a equilibrar as equações químicas por falta de prática e têm medo dos cálculos. As raparigas também se pronunciaram sobre o facto de acharem difícil equilibrar as equações químicas do que compreender os conceitos e, por outro lado, os rapazes acham a química interessante apenas quando estão a fazer experiências ou a equilibrar equações químicas. Mas, na maioria das escolas, os laboratórios não estavam bem equipados e os laboratórios não eram espaçosos. Pelo contrário, apenas 20 alunos cabiam dentro dos laboratórios e a maioria dos produtos químicos essenciais não estavam presentes nos laboratórios. Algumas raparigas disseram que estavam mais à vontade com as suas professoras porque, durante as aulas práticas, as professoras são suficientemente pacientes para lidar e prestar atenção às necessidades de cada estudante. As professoras são mais cooperantes do que os professores do sexo masculino. Alguns rapazes afirmaram que os professores masculinos não se concentram no processo de experimentação, mas apenas nos resultados/resultados. Por conseguinte, preferem professores do sexo feminino para a química. A inversão dos números é indicativa do facto de que a Química pode ser ensinada tanto por professores masculinos como por professoras com o mesmo nível de proficiência, mas as percentagens revelam que a Química pode ser melhor ensinada por professoras, uma vez que requer muita memorização juntamente com a compreensão de conceitos. Mesmo os conceitos de Química precisam de muita memorização associada a nomes e representação simbólica de elementos juntamente com a sua posição na tabela periódica e os seus valores. Dandapat (2015) revelou que as raparigas são mais capazes de armazenar informação, pelo que estão mais inclinadas para assuntos teóricos. Assim, podemos ver como os papéis e atitudes de género são reforçados dentro das salas de aula.

Os rapazes participaram menos nas aulas de biologia enquanto as raparigas participaram mais e a maioria dos professores de biologia eram do sexo feminino. 47,09% dos estudantes preferiram professores de biologia masculinos e 52,91% preferiram professores de biologia femininos. 50,83% dos estudantes do sexo masculino preferem professores de biologia masculina e 49,17% preferem professoras de biologia feminina. 43,3% dos estudantes preferem professores de biologia masculinos e 56,67% preferem professoras de biologia femininas. Durante a minha observação na sala de aula, reparei que mais raparigas participavam na aula enquanto os rapazes não participavam muito. As raparigas eram muito mais activas do que os rapazes. Dos sete rapazes da 12ª classe da escola número três, apenas 20% dos rapazes participaram activamente, enquanto que das 16 raparigas, 80% das raparigas participaram activamente durante a aula. As raparigas mencionaram que as professoras podem fazê-las compreender claramente os conceitos biológicos. Na escola número dois, tanto as raparigas como os rapazes estão à vontade com os professores de biologia masculina. Alguns dos rapazes afirmaram:

" Achamos a biologia interessante porque o senhor torna a aula interessante ao mostrar-nos vídeos que nos ajudam a compreender a biologia sem muito esforço de memorização que consome um muito tempo e energia".

Maples (2012) descreveu a participação em sala de aula como um meio importante que pode revelar as dinâmicas de género dentro das salas de aula. Durante a observação em sala de aula, pude observar que os professores estavam a controlar as discussões. Maples (2012) observou o número de vezes que um professor masculino/feminino apelou a um determinado género em que descobriu que o professor apelou a um estudante masculino apenas para as respostas iniciais ou para contrariar as respostas incorrectas dadas por outros estudantes, mas o professor masculino esperava que essas estudantes do sexo feminino dessem respostas correctas, enquanto que o professor feminino apelou mais a estudantes do sexo feminino em vez de apelar a estudantes do sexo masculino por igual. As minhas observações sugeriram que tanto os estudantes do sexo masculino como feminino têm uma oportunidade adequada de dar as suas respostas, mas as raparigas participam comparativamente menos do que os rapazes nas aulas de Matemática e Física. As minhas observações sugeriram que tanto os estudantes do sexo masculino como feminino têm uma oportunidade adequada de dar as suas respostas, mas as raparigas participam comparativamente menos do que os rapazes nas aulas de Matemática e Física não devido ao género do professor, mas devido ao seu género. Por outras palavras, as raparigas são frequentemente tímidas (mais ainda devido à socialização) e tendem a minar o seu potencial e a abster-se de tentar responder a perguntas devido à humilhação que enfrentarão se a resposta for incorrecta.

As entrevistas dos estudantes de engenharia revelaram que 81% dos rapazes não estavam interessados em engenharia e 72,2% das raparigas estavam a fazer engenharia porque eram forçadas pelos membros da sua família. Alguns dos rapazes afirmaram:

> *" Eu era bom em matemática e dedicava-me a prossegui-la mais, começando a fazer engenharia, mas a engenharia deixou-me sem esperança e eu não queria continuar. Pelo contrário, prosseguiria os meus passatempos como a minha carreira. Estes passatempos estão a ajudar-me a sobreviver ao stress de ser estudante de engenharia".*

Alguns dos estudantes de engenharia revelaram que depois de entrarem para a engenharia, não se sentiam apaixonados por ser engenheiros, mas alguns rapazes eram muito apaixonados por engenharia, mas não estavam interessados nos ramos que tinham de escolher. Um estudante de engenharia do sexo masculino disse:

> *" Eu queria entrar em civil ou mecânico, mas devido a maiores cortes nos exames competitivos, não consegui passar por civil ou mecânico, mas tive de fazer exames eléctricos nos quais não estava interessado".*

Algumas das estudantes de engenharia revelaram que se sentiam à vontade a fazer cursos de informática porque não se trata de um curso tradicional e o sector das TI na Índia está a crescer. Assim, será mais fácil para elas aceitarem trabalhos que não exijam muito trabalho de campo. Quase 90% das raparigas que estavam a fazer engenharia informática esperavam ser colocadas em Bengaluru e Hyderabad, pois estes são os locais onde o sector das TI está a crescer a um ritmo mais rápido. A maioria das raparigas queria ser colocada em boas empresas como a Tata Consultancy Services, Dell, WIPRO, etc.

Uma estudante do sexo feminino que estava a seguir engenharia mecânica narrou uma história diferente. Disse ela,

> *"Tenho o prazer de optar pela engenharia mecânica porque adoro este ramo e estava bastante interessado em prossegui-lo. Sou uma dessas 14 raparigas da minha turma que estão a escrever história ao entrar num campo dominado pelos homens. Quero trabalhar como engenheira mecânica e não preferi ter uma opção de reserva, pois o meu interesse apenas me rege a mente. Quero que as outras raparigas sigam a engenharia mecânica porque o trabalho de campo e o trabalho com máquinas é bastante interessante".*

Considerando que um dos estudantes mecânicos do sexo masculino disse :

> *" Embora, muitas raparigas estejam presentes nos seus ramos, as raparigas preferem apenas os ramos que não são tão arriscados como os civis ou mecânicos, porque não são suficientemente capazes de assumir riscos, uma vez que trabalhar com máquinas é mais difícil do que brincar com brinquedos. Algumas raparigas preferem a engenharia informática para conseguirem bons empregos e um bom salário sem correrem riscos. A codificação não é mais arriscada, mas sim trabalhar com máquinas pesadas e visitar campos e lidar com situações em que a viagem com as centrais eléctricas é mais arriscada".*

80% dos estudantes de engenharia masculinos tinham opções de apoio como a IGNDA (formação de pilotos), a contratação de serviços civis, pois queriam um emprego governamental. Um respondente do sexo masculino afirmou,

> *" Eu poderia alguma vez ter a oportunidade de estudar história. Vou prosseguir a história porque estava sempre interessado nela mas o meu pai não me permitiu prossegui-la porque era um assunto de menina e*

não me proporcionava oportunidades de emprego suficientes e, de acordo com o meu pai, era um assunto ilógico".

Um dos meus inquiridos do sexo masculino, que estudava engenharia eléctrica, disse,

> *" As raparigas devem ocupar-se civil ou mecanicamente para que possamos vê-las frequentemente e sentir que elas também existem neste mundo".*

O meu estudo revelou que os inquiridos do sexo masculino queriam que as raparigas se dedicassem a tarefas civis ou mecânicas, mas também afirmaram que elas não se adaptam bem a estes ramos centrais, pois envolve muito trabalho de campo e as raparigas são muito delicadas para lidar com máquinas tão pesadas e situações de controlo. Muitos dos inquiridos do sexo masculino revelaram que as raparigas que escolhem a engenharia informática não estão conscientes do hardware mas apenas se associam bem com o software porque este lhes fornecerá trabalhos de secretária e algumas delas afirmaram também que as raparigas não se dedicam à mecânica/civil porque não obtêm a quantidade de exposição que obtêm. Alguns rapazes também deram casos como este:

> *"Se uma unidade não funcionar correctamente e tropeçar às 2 da manhã, os pais permitirão que as raparigas vão à central eléctrica e verifiquem todo o equipamento às 2 da manhã?"*

Um dos entrevistados do sexo masculino revelou :

> *" Fiz um diploma em engenharia mecânica para obter a etiqueta de engenheiro júnior que aumentará as minhas hipóteses de conseguir um emprego no governo. E também prossegui o meu B.Tech. em engenharia mecânica para obter a etiqueta de engenheiro sénior. Aceitarei um emprego se conseguir um bom emprego que me proporcione um bom e bom salário em óptimas condições de trabalho, caso contrário, perseguirei a M.Tech..."*

40% dos 22 estudantes revelaram que queriam prosseguir a M.tech. Um dos entrevistados do sexo masculino disse:

" Até já pensei no tema da investigação. Vou trabalhar num projecto de gestão de resíduos e produzir electricidade utilizando resíduos".

Disse uma das raparigas que prosseguia a engenharia eléctrica,

> *" Escolhi engendrar porque era bom em matemática e queria prosseguir com a electricidade para compreender o funcionamento de vários dispositivos eléctricos e como se trata de um ramo central, muitas colocações virão para nos recrutar".*

As entrevistas de estudantes de engenharia reflectiram sobre as escolhas e aspirações de carreira dos indivíduos e as suas narrativas revelaram os seus interesses ou desinteresses nas opções de carreira que têm e nas escolhas de carreira que fizeram.

Métodos de ensino utilizados pelos professores de Ciências

A secção seguinte descreve como os vários tipos de métodos de ensino resultam na pedagogia diferencial das ciências naturais entre os géneros. Foram entrevistados os professores de Matemática, Ciências, nomeadamente Física, Química e Biologia.

A entrevista com o professor de matemática revelou que as raparigas têm melhor desempenho em cálculo e não estão interessadas no vector. Enquanto as raparigas preferem o rote-learning para resolver problemas relacionados com a geometria coordenada.

> *"Ao avaliar as folhas de respostas das raparigas, não consigo perceber como é que as raparigas resolvem as questões relacionadas com a geometria coordenada sem desenhar figuras. As raparigas são mais cuidadosas em fazer cálculos mais pequenos enquanto os rapazes são eficientes em fazer cálculos maiores. As questões difíceis só podem ser resolvidas por estudantes excepcionais".*

Ele também narrou as suas experiências quando perseguia o mestrado em matemática, disse que não havia uma única aluna no seu lote.

Enquanto os métodos de ensino utilizados pelos professores de matemática tanto masculinos como femininos eram os mesmos, ou seja, abstractos ao betão e vice-versa. Ambos deram exemplos ao vivo, relacionando os estudantes com situações da vida real como a compra de vegetais a vendedores e a obtenção do troco restante ou se o vendedor está a medir correctamente e, por vezes, fizeram-lhes frequentemente perguntas como

> *"Quantas famílias da sua sociedade serão apanhadas com água se o petroleiro demorar 15 minutos por cada família"?*

para explicar os conceitos nas suas salas de aula. Tanto o professor de matemática masculino como o feminino concordaram que os alunos do sexo feminino são fracos em geometria. O professor de matemática masculino articulou:

> *" Às raparigas não falta imaginação, mas falta-lhes imaginação científica. Os rapazes são bons engenheiroscivis porque têm imaginação científica, pois podem imaginar uma casa ou edifício no seu edifício, enquanto as raparigas são melhores decoradoras de interiores porque são mais criativas".*

Enquanto a professora revelou que as raparigas participam mais na sua aula e os rapazes raramente participam na sua aula. Ela também revelou que as raparigas são mais competitivas do que os rapazes, enquanto que os rapazes não pontuam tão bem como as raparigas porque as raparigas são sinceras e trabalhadoras e os rapazes não estão a interessar-se pela sua turma. Os rapazes carecem de concentração e não frequentam as aulas com tanta regularidade como as raparigas. Por isso, são incapazes de compreender e apreender novos conceitos. Dandapat (2015) sugeriu que a relação entre género, ciência e classe não é uma dimensão, mas sim cultural e temporal.

Foi feita uma observação comum relativamente aos professores de física de todas as escolas. Nenhuma destas escolas governamentais estava a ter professores de física. A física era ensinada ou por professores de matemática ou de química. Ao entrevistar estes professores, explorei que as escolas estavam a enfrentar muitos problemas para encontrar professores permanentes de física porque as pessoas que têm um Mestrado em Física são poucas e a procura é significativamente maior do que a oferta. Alguns dos professores masculinos revelaram que enquanto ligam os fios para criar um circuito, não conseguem ligar os fios sem qualquer orientação. Estes professores masculinos revelaram também que as raparigas se sentem confortáveis enquanto realizam experiências associadas a capítulos de som e luz, uma vez que os instrumentos necessários para a realização destas experiências não são suficientemente complexos, ao contrário da disposição dos fios para a criação de um circuito. Assim, podemos ver que os professores de física masculina não estão a reconhecer a complexidade de arranjar um espelho para realizar experiências com a luz que as raparigas são capazes de fazer. Pelo contrário, estão consistentemente a tentar concentrar-se em capítulos mais complexos relacionados com a termodinâmica em que as raparigas não conseguem arranjar fios para criar circuitos e, mesmo assim, os professores de física acreditam que as raparigas estão a compreender os conceitos. Ao sondarem, revelaram que as raparigas podem compreender teorias, mas não são suficientemente práticas para as aplicar. Precisam de assistentes de laboratório e professores para as orientar ao longo do processo, enquanto que os rapazes conseguiram arranjar o equipamento sem muita assistência laboratorial. O meu estudo também prova que os professores de física masculina subestimam não só a complexidade da física como disciplina, mas também minam as capacidades das suas alunas sem compreenderem as suas necessidades de aprendizagem. Mlama e Diuom (2005) exploraram que as aulas práticas de ciências são excitantes se os professores compreenderem as necessidades de raparigas e rapazes. Durante as entrevistas, os professores de ciências revelaram que as raparigas frequentam as aulas práticas com mais frequência e têm um profundo interesse na experimentação, porque são assistidas enquanto os rapazes não precisam de muita atenção devido à sua socialização. As raparigas precisam de assistência porque são vistas como seres emocionais, enquanto que os rapazes são aconselhados a serem práticos. Entrevistas com as raparigas das classes 11 e 12 revelaram que elas não se sentem confortáveis com a física porque a consideram complexa porque é uma mistura de matemática e ciência e durante a interacção na minha sala de aula, algumas raparigas disseram que não acham as teorias relacionadas com a física mais difíceis, acham as derivações e a resolução de questões numéricas difíceis. Entrevistas de todos os professores revelaram que as raparigas participam mais durante as aulas de biologia do que os rapazes, mas os rapazes tendem a interessar-se pelas disciplinas mais práticas como a matemática, a física e a química, uma vez que Chanana (2007) mencionou que as raparigas se ocupam de disciplinas como humanidades, ciências sociais, formação de professores, etc., porque são construídas como nutridoras e portadoras da cultura, enquanto os rapazes se dedicam às ciências, à tecnologia, ao comércio, etc., uma vez que estas áreas podem proporcionar-lhes muitas oportunidades de emprego e, por conseguinte, podem conformar-se com os seus papéis de ganhadoras de pão.

Algumas alunas revelaram que compreendem mais facilmente os exemplos dados pelas suas professoras e podem relacionar-se com elas porque as professoras são capazes de as fazer compreender a base teórica da matéria e de a misturar com o que poderíamos ter observado no nosso meio. Por exemplo, ao explicar a lei de Boyle, a professora dá o exemplo de uma panela de pressão porque cada estudante compreende o seu funcionamento.

No caso da biologia, os estudantes masculinos pensam em tornar-se cardiologistas ou neurologistas, mas as estudantes femininas preferem tornar-se dentistas, ginecologistas, ou professoras de biologia a ensinar na escola média. Um dos professores de biologia durante a entrevista questionada

"Todos os anos, 70% das raparigas inscrevem-se em biologia mas apenas 2-3% das raparigas se tornam cirurgiãs caso contrário, todos os cargos superiores são presididos por homens e as faculdades de medicina têm directores que são homens e a maioria dos especialistas de renome são homens. Se as mulheres estão a inscrever-se em biologia a nível escolar, então porque é que esse número diminui nas faculdades de medicina e porque é que as mulheres estão a concentrar-se demasiado em tornar-se dentistas ou ginecologistas?"

Como mencionado por Chanana (2007), as mulheres participam mais nas ciências biológicas, o que é considerado feminino. Mesmo as disciplinas associadas às ciências reflectem masculinidade e feminilidade, onde a física é considerada como a mais masculina, a química é vista como neutra, e a biologia é considerada como feminina. Ainda assim, a Ciência é considerada como objectiva e neutra, enquanto alguns estudiosos como Cohn (1996), Allchin (1996), e outros afirmaram que a linguagem utilizada nas ciências é sexista e androcêntrica.

Assim, posso estabelecer uma ligação entre a natureza das disciplinas, a socialização dos estudantes e professores, as preferências dos professores para uma determinada disciplina, o que afecta o nível de interesse dos estudantes, aumenta a sua participação na sala de aula nas escolas, e também afecta as suas escolhas e oportunidades de carreira.

Como Sen (2001) observou, existe uma diferença no nível de investimento na educação de raparigas e rapazes. Algumas das raparigas da classe 11 também disseram,

" Nós somos raparigas. Assim, os nossos pais gastam mais com os nossos irmãos e mesmo que chumbem, não lhes é pedido que saiam das

escolas, mas somos ameaçados de passar todos os exames para continuar a nossa escolaridade".

A natureza paternalista do patriarcado que se envolve durante os processos de socialização primária e secundária realizados nas esferas privada e pública é revelada de forma significativa no meu estudo. Como Bora e Saharia (2007) exploraram a personalidade de um indivíduo e as percepções de um indivíduo relativamente a vários aspectos da sua vida quotidiana e não se formam num único dia, mas é devido às percepções de socialização que são afectadas. No meu estudo, a origem sócio-pessoal e o tipo de exposições que as raparigas obtêm têm impacto nas suas aspirações e escolhas profissionais, como disse um dos professores de matemática,

> *"As raparigas têm medo da matemática porque não recebem muito encorajamento e exposição de relacionar a matemática com a sua vida real porque os seus papéis não lhes oferecem espaço e tempo suficientes para desfrutar do mundo dos números, o que é bastante fascinante. As raparigas são igualmente capazes de fazer matemática, mas há muito medo e hesitação entre elas para explorar a matemática".*

Dandapat (2015) salientou que não há diferença nas aptidões masculinas ou femininas relativamente ao seu desempenho em matemática ou física. Pelo contrário, as raparigas têm mais potencial em termos de pontuações elevadas, uma vez que têm compreensão conceptual e podem recordar e resumir bem a informação. O meu estudo revela que as professoras de química são mais preferidas do que os professores masculinos porque têm uma boa memória e podem moldar a informação em conformidade e a participação das raparigas nas aulas de biologia também revela que as raparigas têm uma boa memória e podem ler mais em menos tempo, ao contrário dos rapazes. Mas como Dandapat(2015), Brotman e Moore(2011) mencionaram que os resultados educacionais são diferentes entre raparigas e rapazes devido aos seus papéis de género, e como o professor de biologia mencionou que 90% das raparigas desistem depois da 11ª classe devido a responsabilidades familiares e trabalho doméstico. Chow e Aro (2014) salientaram que os rapazes dão mais importância e atenção à matemática do que as raparigas. Mesmo durante as discussões na sala de aula com os alunos da 9ª e 10ª classe, mais rapazes disseram que querem seguir a matemática e alguns deles disseram que as pessoas que estão a seguir as artes ou outras disciplinas que não são matemática ou ciências físicas, são aborrecidas e aprendizes de matemática. A maioria deles afirmou que queria tornar-se engenheiro. Enquanto durante a minha discussão na sala de aula com os alunos dos 11º e 12º revelaram que as raparigas optaram pelas ciências para provar que são tão inteligentes como os seus irmãos. Uma das raparigas disse,

> *"Escolhi a matemática para que pudesse provar a minha inteligência. Os meus pais comparavam sempre as minhas notas com as do meu irmão mais velho e diziam que eu não era tão bom como ele. Por isso, escolhi a matemática. Mesmo agora, os meus pais comparam-me porque recebo notas menores em comparação com o meu irmão mais velho".*

O meu estudo também revelou que existem desequilíbrios de género nos campos físicos e matemáticos e, segundo Chow e Aro (2014), os processos de escolha são complexos de compreender porque as escolhas e preferências são feitas num ambiente em que se manifestam realidades sociais complexas. Este estudo também revela que as escolhas são feitas a vários níveis e é um processo de pensamento profundo que tem impacto no nosso processo de compreensão. É também significativo ver dinâmicas de poder em que uma geração se exercita sobre outras gerações porque quase 63,6% do total dos estudantes de engenharia afirmaram que foram forçados pelos seus pais a entrar na engenharia porque a engenharia proporciona muitas oportunidades de emprego e o âmbito da carreira é alargado. Um dos inquiridos afirmou,

"Se eu terminar a minha engenharia então terei melhores escolhas a fazer em relação à minha carreira. Posso perseguir qualquer coisa, mesmo as artes e posso decifrar facilmente os exames da função pública porque a matemática melhora as minhas capacidades numéricas e o meu raciocínio lógico".

Este estudo também revela que para melhorar as taxas de participação das raparigas nas aulas, existe um requisito de oficinas de sensibilização para os professores, porque os professores e as suas actividades pedagógicas afectam a mentalidade do professor como Nambissan (2013) e Majumdar e Mooij(2011) mencionaram que a sala de aula é um centro de todos os processos de ensino e aprendizagem que leva ao surgimento de novas ideias sobre as suas vidas e o papel da educação. O meu estudo revelou que os professores são os controladores dos ambientes de sala de aula. Eles podem moldar os pensamentos dos estudantes, mas em vez de transformarem as mentes, estão a aderir a estereótipos como as raparigas não conseguem preparar um circuito por si sós, porque não se sentem confortáveis a fazer práticas de física por serem complexas e as raparigas não compreendem as complexidades da física porque acreditam no rote-learning. Têm uma boa memória para memorizar a biologia e a química, mas a física não tem a ver com ter uma boa memória. Assim, os rapazes saem-se bastante bem na prática porque são práticos, ao contrário das raparigas. Neste caso, o professor está a comparar as aptidões das raparigas e dos rapazes e afirma que ambos têm aptidões diferentes em que Chow e Aro (2014) já revelaram que não há diferença nas aptidões. Brotman e Moore(2007) comentaram que as raparigas desenvolvem atitudes negativas em relação à matemática e às ciências físicas após algum tempo e o meu estudo também confirma que as raparigas participam mais na 9ª e 10ª classes, enquanto que participam menos activamente na 11ª e 12ª porque as suas preferências educacionais são subestimadas pelas suas famílias e as suas realizações não são reconhecidas como Jerrim e Schoon (2014) salientaram que os rapazes são susceptíveis de participar mais nas ciências e na matemática devido aos estereótipos de género acentuando os papéis de género e o seu estudo revela que aos 15 anos de idade, as raparigas são igualmente capazes de prosseguir ciências como os rapazes. Jerrim e Schoon(2014) mencionaram que as escolhas profissionais se baseiam na forma como as pessoas se identificam e se auto-afirmam. Salientaram que as raparigas irão provavelmente escolher uma profissão em biologia ou ciências da saúde, em vez de se concentrarem nas ciências físicas. Parker (2014) revelou que a construção do eu na mente de um indivíduo afecta as escolhas profissionais de um indivíduo que está bem informado pela socialização, expectativas dos pais, factores socioculturais, e papéis de género. Mesmo no meu estudo, vários factores reveladores estão associados à pedagogia dos professores e as percepções dos professores sobre quem pode fazer melhor e as percepções dos estudantes sobre quem pode ensinar melhor são altamente significativas. Apenas os professores masculinos podem ensinar física e matemática, enquanto que as professoras podem ensinar melhor química e biologia é evidente no meu estudo e mesmo as percepções dos professores sobre os rapazes que fazem melhor em geometria e as raparigas que fazem melhor em álgebra é também estereotipada porque os professores são também o produto da socialização, uma vez que Manjekar (2013) salientou que o auto-conceito determinado pelos indivíduos é também determinado pelo sistema educativo que inclui, práticas pedagógicas dos professores, o currículo a um nível mais amplo, e as necessidades de aprendizagem sociológica dos indivíduos. As necessidades de aprendizagem sociológica incluirão a finalidade da disciplina na vida do aprendente. Se os próprios professores obrigarão as raparigas a sentirem-se inferiores aos rapazes dentro das salas de aula ou laboratórios, então porque é que as raparigas participarão nas aulas de ciências ou de matemática. Nenhum de nós é livre de decidir o que quer porque vivemos num sistema maior, conhecido como sociedade. Os professores estão a desvalorizar um conjunto de competências em detrimento de outro que se torna um factor desmotivante para ambos os sexos. É por isso que os rapazes que querem seguir a história estão a fazer engenharia porque a história não é útil para eles e os assuntos inúteis só devem ser lidos e estudados por raparigas. É por isso que vemos muitos estudantes de engenharia a preencher os formulários de Shiksha Karmi porque a oferta é muito superior à procura e, mesmo assim, engenheiros e gestores experientes afirmam que acima de 60% dos engenheiros que estão empregados são inúteis. Os factores socioculturais não só estão a criar desequilíbrios no género, como também estão a criar desigualdades a níveis mais elevados. A socialização não é a única razão. Tenho ponderado várias outras razões que funcionam como uma barreira, tais como infra-estruturas de saneamento, tamanho dos laboratórios, disponibilidade de equipamento, e disponibilidade do corpo docente. As minhas conclusões revelaram que as escolas não dispunham de instalações sanitárias adequadas. Não havia água e não havia caixotes do lixo. As raparigas poderiam sentir-se inseguras para ir às casas de banho porque a porta não podia ser fechada. Mesmo que percam as suas escolas durante a menstruação devido a sangramento excessivo e falta de instalações sanitárias, há probabilidades de participarem menos na próxima aula que frequentarem. Doravante, os seus conceitos poderão não ser esclarecidos. Rao e Sweetman (2014) também mencionaram que a falta de instalações sanitárias se torna uma barreira na educação das raparigas. As minhas descobertas revelaram que o tamanho dos laboratórios era pequeno e congestionado sem equipamento suficiente, há boas probabilidades de as raparigas não serem capazes de manusear o equipamento devido à falta de espaço e, como os estudantes estão a fazer experiências em pares, há probabilidades de os parceiros não serem suficientes para apoiar e há também probabilidades de as raparigas saberem preparar um circuito, mas não estão a ter tempo suficiente para arranjar o equipamento e os fios porque não conseguiram o equipamento a tempo. Como os professores negligenciaram estes problemas e generalizaram que as raparigas podem fazer bem em biologia, mas não em física e matemática, não há qualquer minagem do facto de que a socialização existe porque, durante a minha observação no laboratório, vi que os rapazes foram atribuídos primeiro ao equipamento e as raparigas tiveram de lutar para obter o equipamento de acordo com o estudo conduzido por Mlama e Dioum (2005) que mencionou que os professores muitas vezes não conseguem reconhecer as necessidades das raparigas e dos rapazes, o que depois leva à desigualdade de género. Este tipo de discriminação baseada no género leva ao desinteresse das raparigas em prosseguir com a matemática e as ciências. As minhas descobertas revelaram que as raparigas hesitavam em dar respostas e fazer perguntas porque os professores já as tinham provado inferiores à frente dos rapazes, como disse um dos professores de matemática do sexo masculino,

> *" Castigo os rapazes quando dão respostas erradas, obrigando-os a sentarem-se nas filas onde estão sentadas as raparigas. Assim, sente-se culpado e inferior enquanto se senta com raparigas e começa a estudar para evitar tais punições. Por vezes, também os espanco e repreendo-os, enquanto nós não espancamos as raparigas por serem fracas e emotivas. Elas começam a chorar, o que vai perturbar a turma".*

Assim, os rapazes sentados na fila das raparigas vão fazê-los sentir-se inferiores. Mesmo a distinção clara entre masculinidade e feminilidade é evidente, uma vez que Talib (1992) também mencionou que raparigas e rapazes nas escolas são punidos de forma diferente devido às suas características masculinas e femininas.

Mas estas coisas são ignoradas no programa de formação de professores, uma vez que existe uma hierarquia entre os formadores de professores e aqueles que estão a lidar com problemas como a concepção do currículo, o mapeamento dos resultados dos alunos e a eficiência do professor (Chanana,2013). Portanto, os sociólogos não reconhecem as questões do sistema educativo e não ligaram as instituições sociais ao crescimento e desenvolvimento educativo. Portanto, os estereótipos de género são minados e, portanto, muita sub-representação das mulheres em várias correntes é ignorada. Os papéis de género são atribuições em que tendemos a encaixar os nossos corpos no desempenho de papéis que estão a naturalizar-se no processo de dar explicações científicas. A performatividade é a essência dos estereótipos de género porque estamos a fazer género quando dizemos que a matemática precisa de imaginação científica que uma rapariga não tem quando assumimos que as raparigas são melhores na memorização e retenção de informação, mas os rapazes são conceptualmente claros, e quando dizemos que as raparigas devem seguir a engenharia informática porque são impróprias para a mecânica e civil. Afinal de contas, não são capazes de lidar com situações e carecem de exposição no trabalho de campo. As raparigas de facto carecem de exposição, mas é necessário questionar porque é que lhes falta exposição. A resposta mais conceptualmente invisível, mas fisicamente visível, é a prescrição que a sociedade recomendou que deve ser seguida para manter o equilíbrio na sociedade, dividindo os papéis entre os sexos.

Conclusão

Este capítulo centra-se na abordagem das questões que foram retiradas dos resultados, incluindo estereótipos baseados no género impostos a indivíduos a vários níveis através de várias instituições que afectam o auto-conceito de um indivíduo e também afectam as suas futuras escolhas e expectativas de carreira.

Há uma necessidade de redefinir as interacções sociológicas que ocorrem dentro das salas de aula, nas escolas, e nas instituições sociais maiores, incluindo a família, os sistemas educativos a partir de uma perspectiva de género. A igualdade de género não é um tema que deva ser discutido apenas no interior das salas de conferência ou dos documentos de investigação. Tem de ser discutida em todas as plataformas e a todos os níveis. Enquanto discutimos a discriminação de género existente nas salas de aula e nas escolas notada nas percepções de professores e alunos, tendemos a esquecer-nos de descrever experiências de crianças que estão bastante conscientes da sua sexualidade e também, não há muita investigação longitudinal centrada nas experiências escolares dos professores, que é uma componente essencial para compreender a sua história de desenvolvimento da percepção e educação orientada para o valor que desenvolve a sua personalidade. A educação não consiste apenas em obter notas que estudantes e professores tendem frequentemente a esquecer. Trata-se de desenvolvimento holístico que inclui responder a questões mais amplas relacionadas com a regeneração de energias inexploradas, a descoberta do potencial real, e o propósito maior de ser humano e tratar outros seres humanos como seres humanos. A educação é sobre ser humano e abraçar as diversidades existentes nos contextos sócio-relacionais e abraçar as versatilidades a nível individual. Quando se trata de educação, sou muito crítico e insatisfeito com o sistema educativo que anula as diversidades e destaca as desigualdades sociais. Por um lado, vemos a educação como um instrumento para capacitar as mentes a trazer mudanças relevantes mas, por outro lado, o sistema colapsa ou não reconhece o potencial inexplorado. O sistema estratificado de educação concentra-se em tornar-nos polivalentes mas não consegue reconhecer múltiplas dimensões através das quais um indivíduo aprende, compreende e correlaciona várias realidades da vida com as realidades que enfrentam dentro das salas de aula. A subrepresentação das mulheres nos campos STEM e as taxas de participação mais baixas entre as raparigas está a demonstrar que precisamos de mudar as nossas atitudes em relação à educação das mulheres. As raparigas precisam de exposições para assumirem uma carreira que as torne suficientemente autónomas para fazerem as suas próprias escolhas. Até agora, a vida das raparigas e das mulheres gira em torno de promessas de serem boas mães, esposas, irmãs, e as suas aspirações de carreira giram em torno de serem uma nutridora, mesmo que aspirem a explorar o mundo encontrando vários significados que possam atribuir às suas vidas, ao contrário dos homens, que sofrem igualmente devido aos papéis de género que lhes são atribuídos, uma vez que sofrem pressões para serem fornecedoras ou protectoras. Homens e mulheres estão presos para viverem vidas obrigatórias. Portanto, não podemos dizer que só as mulheres não são capazes de tomar decisões por si próprias, os homens também não são capazes de exercer a sua agência enquanto fazem escolhas, porque as escolhas são reflexos do que a sociedade quer de nós, embora tais casos sejam menos numerosos em comparação com as mulheres. Enquanto discutimos a igualdade de género, temos de nos concentrar no equilíbrio das dinâmicas de poder, uma vez que os homens sofrem porque têm de agir superior e as mulheres sofrem porque têm de agir inferior devido a questões semelhantes. Por exemplo, há uma sub-representação dos rapazes nas artes, humanidades e ciências sociais, mesmo que estejam dispostos a estudar porque estes não são assuntos que os possam tornar masculinos e há uma sub-representação das raparigas em campos STEM que contradizem os seus aspectos de feminilidade. Neste caso, os papéis de género tornaram a educação inacessível tanto a homens como a mulheres e também reduziram a sua tomada de decisão voluntária. Agir de forma inferior ou superior é também pesado ao ser produtivo e improdutivo. A maioria das actividades que as mulheres empreendem não são reconhecidas porque são improdutivas ou porque estas actividades não contribuem directamente para o PIB do país. É necessário redefinir a agência de indivíduos para resolver questões transversais de género porque se os indivíduos obtiverem espaço suficiente para se explorarem a si próprios e fazerem o que gostam, então trabalharão no sentido de trazer uma cadeia de revoluções. Estamos a trabalhar no sentido de reformar mentes, mas somos suficientemente capazes de revolucionar mentes. Só precisamos de nos explorar para além das nossas identidades, que estão a limitar o nosso imenso potencial.

A igualdade de género não se trata apenas de reformar mentes, mas também de transformar mentes. No entanto, as transformações não podem acontecer apenas através de reformas. Estamos a precisar de uma revolução em que cada indivíduo exerça a sua agência para afirmar as suas capacidades e capacidades a nível individual, social e nacional ou mesmo internacional. A educação deveria redefinir as suas ideologias de produzir boas mães e bons filhos. Deve concentrar-se na produção de mentes poderosas que afirmem que a sua identidade primária é de um ser humano que compreende a humanidade que é acima de tudo identidades secundárias, isto é, classe, casta, raça, género, etnia, etc.

Referências

Allchin, D.K. (1996). O género da lei de Boyle. Obtido de http://lms.tiss.edu/hyderabad/pluginfile.php/16856/mod_resource/content/1/allchin%20gender%20in%20boyles%20law.pdf Acessado em 14 de Março de 2017.

Apple, M.W.(1989). *Professores e textos: Uma economia política de classe & relações de género na educação(pp3-12).* Estados Unidos da América: Routledge & Kegen Paul.

Bhattacharya, J. & Pal, P. (2016). A igualdade de género na alfabetização como meio e fim do desenvolvimento: a história do sistema educativo madrash nos distritos de Malda e Murshidabad em Bengala Ocidental. Em N.deb, *as questões de género e a educação na sociedade moderna.* Nova Deli: os livros de Kunal.

Bhog, D. (2002). Género e currículo. Em Semanário Económico e Político. Obtido em http://lms.tiss.edu/hyderabad/pluginfile.php/20100/mod_resource/content/1/Dipta%20Bhog%20-%20Gender%20and%20Curriculum%20Bhog.pdf Acessado em 14 de Março de 2017.

Biber, S. & Carger, G. L. (2000). *Mulheres trabalhadoras na América: Sonhos divididos.* Nova Iorque: Oxford University Press.

Bora, M.M. & Saharia, K.K.(2007). Valor-orientação de estudantes de graduação. Em Rameshwari Pandya *Women in India: Questões, perspectivas e soluções.* Nova Deli: Publicações do novo século.

Borgatta, E.F. & Montgomery, R.J.V. (2000). *Encyclopedia of Sociology* 2(2). Nova Iorque: Referência Macmillan.

Sem limites (2016). *Discriminação de género.* Recuperado de https://www.boundless.com/political-science/textbooks/boundlesspolitical-science-textbook/civil-rights-5/women-s-rights-41/gender-discrimination-232-5479/ Acessado em 24 de Setembro de 2016.

Boundless(2016). O que é a pedagogia? Na *Educação Sem Limites*. Obtido em https://www.boundless.com/education/textbooks/boundless-education-textbook/curriculum-and-instructional-design-3/instructional-design-14/what-is-pedagogy-48-12978/ Acesso em 24 de Setembro de 2016.

Bourdieu, P. (1973). Reprodução cultural e reprodução social. Em R. Brown *Knowledge, education and cultural change*. Londres: Tavistock Publication.

Brotman, J.S. & Moore, F.M. (2007). As raparigas e a ciência: Uma revisão de quatro temas na literatura de educação científica. In *Journal of research in science teaching 45*(9).

Chanana, K. (2007). Globalização, ensino superior e género: Mudança nas escolhas de disciplinas das estudantes indianas. Em *Semanário económico e político*. Obtido em http://lms.tiss.edu/hyderabad/pluginfile.php/20021/mod_resource/content/3/Karuna%20Chanana%20-%20Globalisation%2C%20Higher%20Education%20and%20Gender.pdf Acesso a partir de 14 de Março de 2017.

Chanana, K. (2013). Sociologia da educação e sociologia na Índia: Fronteiras disciplinares e espaços institucionais. Em G.B.Nambissan e S.S. Rao Sociologia da educação na Índia. Nova Deli: imprensa universitária de Oxford.

Chow, A. & Aro, K.S. (2014). Será que a prioridade importa? Os padrões de género são valores subjectivos das tarefas em todos os domínios das disciplinas escolares. Em I. Schoon & J.S. Eccles As diferenças de género em aspirações e realização: Uma perspectiva de curso de vida. Reino Unido: Imprensa da Universidade de Cambridge.

Dandapat, A.K. (2015). *Educação,estereotipagem e desenvolvimento do género*. Deli: Shipra publicações.

Deb, N. (2016). Prefácio Em Nandita Deb *Questões de género e educação na sociedade moderna.* Deli: Livros de Kunal.

Fenwick, T. (2008). Mulheres aprendendo no trabalho com vestuário: Solidariedade e socialidade. Em *Educação de Adultos Trimestralmente.* Obtido em http://lms.tiss.edu/hyderabad/pluginfile.php/20661/mod_resource/content/1/Discussion-sweatshop-Fenwick.pdf Acesso em 14 de Março de 2017.

Fundação do Desenvolvimento Sustentável (n.d.). *Questões de equidade de género na Índia.* Recuperado de http://www.fsdinternational.org/country/india/weissues Acesso em 13 de Março de 2017

Ghosh, D.K. (2007). Representação feminina em panchayats de Bengala Ocidental. Em Rameshwari Pandya *Mulheres na Índia: Questões, perspectivas e soluções.* Nova Deli: Publicações do novo século.

Ghosh, T. (2016). A desigualdade de género no Sul 24 parganas e o seu impacto no ensino superior: a estudo empírico baseado em inquéritos. Em N.deb, *questões de género e educação na sociedade moderna.* Nova Deli: livros de Kunal.

Hinchcliffe, G. (2000). *Educação ou pedagogia?* Obtido em http://onlinelibrary.wiley.com/doi/10.1111/1467-9752.00208/abstract Acessado em 13 de Março de 2017.

Hofstede (2001). Masculinidade/feminilidade Nas *consequências da cultura.* Recuperado de https://www.andrews.edu/~tidwell/bsad560/HofstedeMasculinity.html Acesso em 13 de Março de 2017.

Associação Incorporada de mestres assistentes e Associação de Mestres Científicos (2011). *O ensino das ciências nas escolas secundárias.* Nova Deli: Editores de livros Sarup privados limitados.

Jerrim, J. & Schoon, I. (2014). Será que os adolescentes querem tornar-se cientistas? Uma comparação de género diferenças de atitudes em relação à ciência, expectativas de carreira, e capacidade académica em 29 países. Na I. Schoon & J.S. Eccles, as diferenças de género nas aspirações e realização : Uma perspectiva de curso de vida. No Reino Unido: Imprensa da Universidade de Cambridge.

Karam, A. (2013). A educação como o caminho para a igualdade entre os sexos. Em *UN Chronicle* (4). Recuperado de https://unchronicle.un.org/article/education-pathway-towards-gender-equality Acesso em 13 de Março de 2017.

Karlekar, M. (2000). O acesso das raparigas à escolaridade: Uma avaliação. Em R. Wazir *O fosso entre géneros em educação básica: ONGs como agentes de mudança.* Nova Deli: Publicações Sage.

Kay, J. (2012). *Desigualdade de género e diferenças de género.* Recuperado de https://libcom.org/library/gender-inequality-gender-differences Acesso em 13 de Março de 2017.

Kumar, K. (1979). Experiência educacional de castas e tribos programadas. Em S.Shukla & K.Kumar *Perspectivas sociológicas na educação.* Delhi: Publicações Chanakya.

Kumari, N. (2007). As mulheres nos meios de comunicação social. R. Pandya *Women in India: Questões, perspectivas e soluções.* Nova Deli: Publicações do novo século.

Macneill, N. & Silcox, S. (2003). Liderança pedagógica: voltar a colocar a agência profissional na aprendizagem e no ensino. Na *revista de liderança curricular CL.* Obtido em http://www.curriculum.edu.au/leader/pedagogic_leadership:_putting_p

rofessional_agency_,4625.html?issueID=9691 Acesso em 13 de Março de 2017.

Majumdar, M. & Mooij, J. (2011). Pedagogia na base: Sobre práticas de ensino e avaliações. Em *Educação e desigualdade na Índia* (pp 105-129). Nova Iorque : Routledge

Majumdar, M. & Mooij, J. (2011). Professores e crianças: Interacções nas salas de aula. Em *Educação e desigualdade na Índia* (pp 86-104). Nova Iorque : Routledge

Malas, A.(2016). A questão do género e a educação na Índia de hoje: uma análise da mulher-educação na era da globalização. Em N.deb, *as questões de género e a educação na sociedade moderna.* Nova Deli: livros de Kunal.

Mallick, S. (2016). Ferramentas digitais das TIC para a ligação e capacitação das mulheres. Em N.deb *Género questões e educação na sociedade moderna.* Nova Deli: livros de Kunal.

Manjrekar, N. (2011). Género, infância, e trabalho na nação: Vozes e encontros em indiano escola Em G.B.Nambissan e S.S.Rao *Sociology of education in India* (pp. 90). Novo Delhi: G.H.Prints Private Limited.

Martin, E. (1996). O óvulo e o esperma: como a ciência construiu um romance baseado em papéis estereotipados macho-fêmea. Em E.F. Keller & H.E. Longino Feminismo *e Ciência.* Obtido de http://lms.tiss.edu/hyderabad/pluginfile.php/16852/mod_resource/content/1/emily%20martin%20egg%20and%20sperm.pdf Acessado em 14 de Março de 2017.

Murugan, K.R. (2007). Mulheres e educação. Em R. Pandya *Women in India: Questões, perspectivas e soluções.* Nova Deli: Publicações do novo século.

Nambissan, G.B. (2013). Abrir a caixa negra? Os sociólogos e o estudo da escolaridade em Índia. Em G.B.Nambissan e S.S.Rao *Sociology of education in India* (pp 90). Novo Delhi: G.H.Prints Private Limited.

Nawani. D.(2016). Educação de qualidade na Índia contemporânea Em *Yojana*, Junho (p.26).

NCERT (2006). Questões de género na educação. Obtido em http://epathshala.nic.in/wp-content/doc/NCF/Pdf/gender_issues_in_education.pdf Acesso em 13 de Março de 2017.

NCERT (2006). *Ensino da Ciência.* Obtido a partir de http://epathshala.nic.in/wp-content/doc/NCF/Pdf/science.pdf Acesso em 14 de Março de 2017.

Parker, *et.al* (2014). Previsão das aspirações de carreira e das habilitações académicas e autoconceito universitário : uma aplicação longitudinal do quadro de referência interno-externo modelo. Em I. Schoon & J.S. Eccles, as diferenças de género nas aspirações e realização: Uma vida perspectiva do curso. Reino Unido: Imprensa da Universidade de Cambridge.

Project Concern International(2016). *Fortalecimento das Comunidades pondo um fim ao Género Discriminação.* Obtido em https://www.pciglobal.org/gender-discrimination/ Acessado em 24 de Setembro de 2016.

Sanders, J. (2005). *Género e tecnologia na educação: Uma análise da investigação*. Londres: Sage Publications.

Sen, A. (2001). Muitas faces da desigualdade de género. Em *Frontline 18(22).* Obtido em http://www.frontline.in/static/html/fl1822/18220040.htm Acesso em Março13, 2017.

Sharma, S.K. (2014). *Tumhari Sakhi*. Nova Deli: publicações Bukaholic.

Editores SparkNotes. (2006). *Socialização de género.* Recuperado de http://www.sparknotes.com/sociology/socialization/section4.rhtml Acessado em Março 13,2017.

Talib, M. (1992). Ideologia, currículo, e construção de turmas: observações de uma escola numa povoamento da classe trabalhadora em Deli. No *boletim sociológico 41*(1).

Tewari, P. (2007). A sustentabilidade agrícola através do empoderamento das mulheres. Em R..Pandya *Mulheres na Índia: Questões, perspectivas e soluções.* Nova Deli: Publicações do novo século.

Charlotte da UNC (2007). *150 métodos de ensino.* Obtido a partir de http://teaching.uncc.edu/learning-resources/articles-books/best-practice/instructional-methods/150-teaching-methods Acessado em 13 de Março de 2017.

Uppal, R. (2016). Empoderamento e educação das mulheres. Em N.Deb *Questões de género e educação na sociedade moderna.* Nova Deli: livros de Kunal.

Walsh, M. (2004). Género em jogo. Em *Gender and the Automobile in the United States.* Recuperado de http://www.autolife.umd.umich.edu/Gender/Walsh/G_Overview5.htm Acesso em 14 de Março de 2017

Westbrook J, Durrani N, Brown R, Orr D, Pryor J, Boddy J, Salvi F (2013) *Pedagogia, Currículo, Práticas de Ensino e Formação de Professores nos Países em Desenvolvimento.* Obtido em https://eppi.ioe.ac.uk/cms/Portals/0/PDF%20reviews%20and%20summaries/Pedagogy%202013%20Westbrook%20report.pdf?ver=2014-04-24-121331-867 Accessed on 24 de Setembro de 2016.

Rede de investigadores do trabalho e da família. *Género,Definições de.* Recuperado de : https://workfamily.sas.upenn.edu/glossary/g/gender-definitions Acessado em 24 de Setembro de 2016.

Organização Mundial de Saúde. (2002). *Integrar as perspectivas de género no trabalho da OMS*. Suíça: OMS

Zevallos, Z. (2014). Sociologia do género. Em *The other sociologist.* Recuperado de https://othersociologist.com/sociology-of-gender/ Acesso em Março13, 2017

Apêndices

Apêndice 1A

Questionário de inquérito

Objectivo: Compreender o envolvimento dos estudantes de ciências dentro das salas de aula.

Instruções:

1. Responder a todas as perguntas.
2. Marcar apenas uma opção. Múltiplas respostas não são aceitáveis.
3. Pense e preencha o inquérito.
4. Leia correctamente todas as perguntas.
5. Preencher correctamente os dados demográficos requeridos.

Nota: A informação recuperada deste inquérito permanecerá confidencial e será estritamente utilizada apenas para investigação.

Tempo atribuído: 10 minutos.

Nome da escola:

Classe:

Assunto:

Género:

Perguntas:

1. Quão activamente participa na sala de aula com o professor presente?

   ☐ Todas as vezes

   ☐ A maioria das vezes

   ☐ Por vezes

   ☐ Raramente

   ☐ Nunca

2. Em que medida participa activamente nas aulas de Ciências?

☐ Todas as vezes

☐ A maioria das vezes

☐ Por vezes
☐ Raramente

☐ Nunca

3. Em que medida participa activamente nas aulas de Matemática?

☐ Todas as vezes

☐ A maioria das vezes

☐ Por vezes
☐ Raramente

☐ Nunca

4. Como se relaciona com os exemplos que o professor dá durante as aulas de Matemática?

☐ Todas as vezes

☐ A maioria das vezes

☐ Por vezes
☐ Raramente

☐ Nunca

5. Como se relaciona com os exemplos que o professor dá durante as aulas de Ciências?

☐ Todas as vezes

☐ A maioria das vezes

☐ Por vezes
☐ Raramente

☐ Nunca

6. Quem pensa que pode ensinar melhor a Matemática?

☐ Homem

☐ Feminino

7. Quem pensa que pode ensinar melhor Física?

☐ Homem

☐ Feminino

8. Quem pensa que pode ensinar Química de uma forma melhor?

☐ Homem

☐ Feminino

9. Quem pensa que pode ensinar Biologia de uma forma melhor?

☐ Homem

☐ Feminino

Apêndice 1B

Guia de Entrevista para estudantes de engenharia

1. Porque escolheu este ramo?
2. O que pensa fazer depois deste curso?
3. O que é que o curso significa para si?
4. Que tipo de empregos espera depois de concluir este curso?
5. Que tipo de funções preferirá enquanto escolhe o seu trabalho?
6. Alguma vez teria optado por mecânica ou civil?
7. Acha que as raparigas devem optar por mecânica ou civil?
8. Acha que as raparigas devem escolher outros temas em vez de seguirem a engenharia?
9. Porque é que entrou na engenharia?
10. Se não fosse engenharia, que mais poderia ter optado?

Guia de Entrevista para professores

1. Que método prefere ensinar Física, Química, ou Biologia?
2. Porque é que prefere isto?
3. Que método é preferido pelos estudantes?
4. Quem figura mais nos seus exemplos?
5. Quem pensa que participa mais nas aulas?
6. O que acha que deve ser feito para que os estudantes menos participativos possam participar mais?

Printed by Books on Demand GmbH, Norderstedt / Germany